* Name geändert.

Meine Expeditionen
zu Menschen und Orten,
die bereits in der Zukunft
angekommen sind

FLORIAN
HOFFMANN

DIE NEUE WELT

MURMANN

D/E NEUE

WELT ...

Für Lola – und ein Leben voller Hoffnung
im Herzen und mutiger Ideen.

EINGANG

In unserer Welt, die stark von Unsicherheit und Sorge geprägt ist, scheint es ein Geheimnis zu geben. Wir kennen es im Grunde alle – und doch entschwindet es immer wieder aus unserem Blickfeld. Dieses Buch möchte dazu beitragen, es zu lüften. Denn es ist eine Voraussetzung dafür, wie wir in die Zukunft blicken und wie wir sie gestalten.

Das Geheimnis lautet: Wir sind in Wirklichkeit gar nicht so ohnmächtig, wie wir oft denken. Nicht gefangen in einer Zivilisation, die sich nicht weiterentwickelt, nicht zu retten ist, und wenn überhaupt, dann nur durch ein paar wenige Auserwählte mit viel wirtschaftlicher oder politischer Macht. Tatsächlich erschaffen mehr und mehr Menschen rund um den Globus schon heute auf die unterschiedlichste Art und Weise die Neue Welt. Und du und ich können das auch.

Es stimmt. Unsere Welt verändert sich in vielerlei Hinsicht radikal, schreitet mit Siebenmeilenstiefeln voran. Das Schlechte daran: Die Welt wartet nicht auf uns. Das Gute: Die Welt wartet nicht auf uns – und bittet uns alle zum Tanz. Jede:r Einzelne darf sich aufgefordert fühlen, ebenfalls aufzubrechen, sich mitzubewegen. Um die Neue Welt möglichste selbstbestimmt mitzugestalten und gemeinsam die Herausforderungen unserer Zeit zu lösen: Pandemie. Klimakrise. Arbeit. Soziale Ungleichheit. Technologie, die langsam, aber sicher, jeden einzelnen Bereich unseres Lebens durchdringt.

Und so steht jede:r vor der Herausforderung, für sich eine Grundsatzfrage zu klären: Wann gehe ich jetzt wie weit?

Eine Antwort darauf zu geben ist nicht einfach. Ganz besonders nicht für die Millionen Menschen, die in vielen Teilen unserer Erde schon lange oder erst aufgrund der Pandemie um ihre tägliche Existenz kämpfen und nicht die Freiheit haben, sich mit etwas anderem als dem nächsten Tag oder der nächsten Woche zu beschäftigen. Aber auch nicht für alle anderen. Zu sehr richtet sich unser Blick auf die Sachzwänge und Korsetts der Alten Welt, die uns weiterhin einengen. Uns das Gefühl geben, dass uns die Hände gebunden sind und wir nicht die Macht haben, unserer Zukunft eine neue Wendung zu geben – schon gar nicht allein. Mit der Konsequenz, dass wir zwischen schillernden Fortschrittsvisionen – »Die Technologie wird es schon richten« – und tiefschwarzen Prognosen einer brennenden Welt – »Niemand wird es schnell genug richten« – hin und her schwanken, während wir zugleich versuchen, uns und unsere Kinder mit neuen Fähigkeiten auf die wie auch immer geartete Zukunft vorzubereiten. Auch das wiederum: keine leichte Aufgabe.

Als Unternehmer und Vater bin ich seit zehn Jahren weltweit aktiv auf der Suche nach neuen Ideen, die zur Lösung der großen Herausforderungen unserer Zeit beitragen können. Und der Antwort auf die Frage, was wir selbst eigentlich brauchen, um unseren Beitrag zu leisten? Gibt es Menschen und Orte, die konkret vorleben, wie wir uns selbst und die Welt verändern können, endlich vom Fleck kommen, beherzt alte Probleme anerkennen und mutig das Neue beginnen?

Auf meinen Reisen und durch meine Arbeit habe ich von Buenos Aires bis Dalian, von Oulu bis New York unzählige Menschen kennengelernt, die längst losgelaufen, bereits in der Zukunft angekommen sind. Und diese in all ihren Facetten leben. Sie haben die Schwelle der persönlichen und gesellschaftlichen Veränderung überschritten. Den Hebel umgelegt. Eine Entscheidung getroffen. Weil Warten keinen Sinn ergibt. Worauf auch?

Mit jedem neuen Kontakt ist vor meinen Augen ein Bild herangereift, das sich gravierend unterscheidet von dem, was uns die überwältigende Informationsflut jeden Tag auf unsere Smartphones und Computer spült. Es ist das Bild einer Neuen Welt, in der Menschen die Hauptrolle spielen, denen – bei aller Unterschiedlichkeit – eines gemein ist: Sie haben in ihrem Leben einen Punkt gesetzt, sind den ersten ungewöhnlichen Schritt gegangen und gestalten heute die Neue Welt. Mutig, kreativ.

Um alle Vertreter:innen der Neuen Welt zu Wort kommen zu lassen, die ich in den vergangenen Jahren treffen durfte, und all die Themen zu adressieren, die bereits angegangen werden, müsste dieses Buch um ein Vielfaches dicker sein. Deshalb habe ich mich für eine bunte Mischung aus Themen und Menschen entschieden – wohl wissend, dass ihre Geschichten für so viele mehr stehen.

Für Menschen, die auf ihr Herz und ihre Leidenschaft hören.

Sich mit anderen zusammentun, um ihre gemeinsamen Visionen von einer Neuen Welt über den gesamten Globus hinweg zu realisieren.

Komplexe Probleme angehen und dennoch möglichst schnell ins Tun kommen, ganz pragmatisch, Schritt für Schritt, innerhalb ihres eigenen Wirkungskreises.

Sich nicht scheuen, alles auf den Prüfstand zu stellen, welche Strukturen, welche Institutionen ergeben heute und in der Zukunft noch Sinn?

Nicht mehr in alten Kategorien von »reicher Westen, armer Süden« denken, sondern selbstbewusst mitgestalten, was Globalisierung in Zukunft heißen wird.

Als Führungskräfte keine Truppe anführen, sondern Mitarbeitenden individuelle Entfaltungsräume eröffnen.

Ihr Business ganz und gar nach den Bedürfnissen ihrer Kund:innen ausrichten, was brauchen sie wirklich, was ergibt Sinn?

Versuchen, mit Freude und Leichtigkeit ein konsistentes Leben zu leben.

Sich dafür einsetzen, dass Geld und Vermögen gleichmäßiger verteilt werden und endlich auch die Ränder unserer Gesellschaften erreichen.

Wertschöpfungsketten als Ketten verstehen, deren Glieder gleichermaßen wertschaffend und wertvoll sind.

Mithelfen, eine Dateninfrastruktur und -wirtschaft aufzubauen, die transparent, fair und zeitgemäß ist.

Heraustreten aus ihren Blasen, indem sie sich mit Menschen verbinden, die so ganz anders denken als sie selbst.

Lokal leben, weil ein lokales Leben nicht Verzicht bedeutet, sondern ganz im Gegenteil: Genuss, Gemeinschaft, Wohlergehen.

MEIN FAZIT nach allen Gesprächen und Begegnungen lässt mich mit Zuversicht in die Zukunft blicken: Wir können aufhören, die eine Lösung zu suchen. Wir können aufhören, uns gegenseitig Angst zu machen oder so zu tun, als ob wir als Menschheit unverwundbar wären. Wir können sogar aufhören, Geld auszugeben. Kein Studienprogramm, Coaching oder Retreat allein wird uns befähigen, den Übergang von der Alten in die Neue Welt zu meistern. Denn das, was wir brauchen, ist etwas, das wir aus uns selbst heraus entwickeln müssen. Und auch können. Eine klare Haltung. Inklusive der Offenheit, Dinge einmal anders zu versuchen, und des Mutes, dies auch tatsächlich zu tun.

Es gibt also Grund zur Hoffnung. Aber es liegt an uns allen, die Neue Welt auf unsere ganz eigene, ganz andere Art und Weise zu gestalten. Deshalb hoffe ich, dass dich mein Buch inspirieren wird. Du dich der Neuen Welt mit deinen Ideen und Taten anschließen und sie bereichern wirst. Und meine Erzählung mit einem eigenen Kapitel fortschreibst. Bist du bereit? Gehen wir los!

DIE NEUE WELT…

FOLGT IHRER LEIDEN-SCHAFT

EIN WINTERMORGEN IN DER SCHWEIZ. Ich stapfe mit Niall Dunne durch den Schnee. Eiskristalle auf den Autofenstern. Klarheit in der Luft. Niall ist ein smarter Typ. Lange, schwarze Haare. Fast schon ein Hollywoodlächeln, dabei lebt und arbeitet er in London. Ich kenne Niall bereits eine Weile, und gemeinsam mit Freunden teilen wir uns diese Woche eine winzige Wohnung in Davos. In dem kleinen Schweizer Skiort kommt jedes Jahr die globale Prominenz aus Politik und Wirtschaft zum Weltwirtschaftsforum zusammen, um im erlauchten Kreis große Fragen zu diskutieren. Davos funktioniert wie eine Zwiebel. Macht, Geld und Berühmtheit bestimmen, zu welchen Straßen, Hotels und Meeting-Räumen man Zugang erhält.

Niall und ich sind ziemlich weit weg vom Zentrum der Zwiebel, als wir uns den Weg von unserem winzigen, völlig überteuerten Apartment zu unseren ersten Verabredungen bahnen. Neben uns schieben sich schwarze Limousinen und Polizeiautos in Richtung Hauptstraße, die sich für die paar Tage wie jedes Jahr in eine Promenade mit Showrooms und Pavillons verandelt hat.

Ich bin das Unternehmerleben gewohnt und habe Spaß daran. Niall hingegen müsste nicht hier sein, um sich in Cafés mit Manager:innen auf ein irgendwie unverbindliches Gespräch zu treffen. Vor ein paar Jahren saß Niall noch selbst in einer dieser schwarzen Limousinen und gab abends Champagnerempfänge. Er war da Anfang 40 und Vorstand einer der größten Telekommunikationsfirmen der Welt. Am Zenit angekommen, wie man so schön sagt. Mit Geld, Einfluss, Macht. Alle Türen offen. Doch eines Tages stand er auf und drückte die Stopptaste. Niall reichte seine Kündigung ein und ging. Einfach so.

Als ich neben ihm durch Davos laufe, erinnere ich mich an unzählige Gespräche, die ich seit Jahren mit Manager:innen führe. Egal ob in New York, Hamburg oder Singapur – sie verlaufen ziemlich gleich. Trotz anstrengender Reise und mitunter Jetlag in den Knochen bin ich neugierig. Ich will diese Menschen näher kennenlernen und ihnen meine Ideen für ein gemeinsames Projekt vorstellen. Doch dann sitze ich auf einem schicken Stuhl und höre mir an, wie enttäuscht mein Gegenüber über seine Vorgesetzten, die Shareholder oder die Firmenstrategie ist. Und warum sie/er jetzt– desillusioniert und frustriert – nur noch das Nötigste zu tun gedenkt. Im Gegensatz zu Niall bleiben die Manager:innen auf ihren Posten sitzen. Weil sie noch ihr Ferienhaus abzahlen

> » Überall auf der Welt sind Menschen jetzt mehr denn je auf der Suche nach Sinn. Es beginnt das globale Rennen um neue Innovationen und die Gestaltung unserer Arbeitswelt.
>
> NIALL DUNNE

wollen. Weil nirgendwo sonst ein so gutes Package auf sie wartet. Weil das Geld, der Titel, die Firmenautos immer wieder über den Frust hinwegtrösten. Weil sie wie in einem goldenen Käfig sitzen – eingesperrt zwar, aber sehr bequem. Wenn eine:r den Absprung schafft, dann oft, um bei der Konkurrenz einen ähnlichen Job zu übernehmen. Mit manchen Menschen führe ich diese Gespräche jahrelang. Wirtschaftlicher Erfolg und Einfluss, so schien lange Zeit die Rechnung zu gehen, gehen Hand in Hand mit vielen persönlichen und beruflichen Kompromissen.

Niall indes hat sich für einen anderen Weg entschieden. Er will mehr vom Leben haben. Deshalb hat er seinen Vorstandsposten aufgegeben, um sich dem Start-up *Polymateria* anzuschließen, gegründet von einer Gruppe von Wissenschaftler:innen, alle mit dem Traum, endlich eine Lösung für die Umweltverschmutzung durch Plastik und Mikroplastik zu finden. Eine turbulente Idee, mit Folgen. Als Niall einstieg, war die Erfindung noch in der Testphase, und es war komplett offen, ob sich daraus jemals ein Business entwickeln würde. Aber Niall war überzeugt von der Idee und bereit, dafür noch einmal von vorne anzufangen. Sein Know-how und sein Netzwerk für etwas Sinnvolles einzubringen, erschien ihm wichtiger als (angebliche) Sicherheit und (angeblicher) Komfort.

Wenn ich ihn so von der Seite betrachte, sieht man ihm die Anstrengung an, die Sorgen eines freien Unternehmers: Wie Investor:innen finden, die an einen glauben? Wie Mitarbeitende motivieren, nicht vorzeitig aufzugeben? Wie den Lebensunterhalt für sich und seine Familie sichern? Auf den ersten Blick wirkt er müde und gestresst, auf den zweiten Blick sieht man seine Begeisterung und Leidenschaft.

Aber warum hat Niall im Gegensatz zu vielen anderen Manager:innen den Absprung geschafft? Ist Niall verrückt? Ein Held? Einer unter Tausenden? Perfekt für ein Buchkapitel? Inzwischen bin ich zu der Überzeugung gelangt, dass Nialls Entscheidung weder besonders wagemutig noch irre ist. Niall ist wie Millionen andere auch in der Arbeitswelt der Zukunft angekommen. In einer Zukunft, in der Menschen sich in Eigenregie immer neue Herausforderungen suchen, die ihren Vorstellungen und Neigungen entsprechen.
Sie wollen die Welt um sich herum verändern. Ihrer Begeisterung folgen. Weil sicher längst nicht mehr sicher bedeutet. Auch nicht auf den obersten Rängen. Und genau das schafft Freiheit.

Wenn du Sicherheit möchtest, mache etwas Verrücktes.

Und greife nach deinen Stärken.

Von Produktion bis Strategie – über alle Level hinweg lösen sich Arbeitsstrukturen schneller auf, als wir das Wort »Jobsicherheit« buchstabieren können. Ich erinnere mich noch an ein Gespräch mit einem Personalchef vor ein paar Jahren, in dem er mir erzählte, dass er mit den frisch eingestellten High Potentials bereits an Tag eins eine zehnjährige Laufbahnentwicklung festlege. Heute kann er darüber nur noch seufzend mit den Achseln zucken. Aus und vorbei. Getrieben durch Digitalisierung, Klimawandel und neue Geschäftsmodelle sind Unternehmen gezwungen, ihre Strukturen, Teams und Positionen immer wieder neu auf-, um- und abzubauen. Und laut Sven Seidel, einem CEO, mit dem ich mich seit Jahren immer wieder austausche, »hat der Wandel im Unternehmenskontext heute nicht mehr einen Anfang und ein Ende, sondern ist konstant«.

Konstanter Wandel reduziert gelernte Sicherheiten. Stromlinienförmige Karrieren versanden. Zudem lassen Digitalisierung, agiles sowie zeit- und ortsunabhängiges Arbeiten etliche Insignien der Macht verpuffen. Statt Vorstandsbüro, Sekretär:in, Firmenparkplatz und Managementkantine begegnen wir uns in Videokonferenzen in gleich großen Kästchen. Wir Unternehmer:innen oder Manager:innen stehen vielleicht noch nicht wie der Kaiser nackt vor unseren Teams, haben aber schon etliche Kleider verloren. Doch wenn wir wie Niall unseren Kompass neu kalibrieren und die Nadel in Richtung »Werte und Sinn« zeigen lassen, gewinnen wir Freiheit und jede Menge Freude.

Niall hätte auch auf altbewährtem Kurs bleiben können – und wenn sich sein Unternehmen, warum auch immer, von ihm hätte trennen wollen, wäre er sicherlich weich gefallen. Doch er hat die Chancen in der Veränderung beim Schopf gepackt. Und sich wie viele andere Menschen die Frage gestellt, was ihn begeistert, wohin er sich weiterentwickeln will, was ihn antreibt. Niall hat realisiert, dass er trotz Geld, Einfluss und Status nicht mehr zufrieden ist, und suchte sich passend zu seinen Stärken den nächsten Wirkungskreis. Nach dem Motto: Ich gewähre mir einen breiten Spielraum des Ermessens, um meiner Selbstentfaltung auf die Spur zu kommen.

In der Neuen Welt können wir alle diesen Schritt gehen, wenn wir möchten. Auszusteigen und ein Start-up zu gründen, ist genauso realistisch, wie weiterhin als Manager:in die Geschicke eines Unternehmens zu leiten. Es kommt einzig und allein auf die Leidenschaft an. Die Frage: Für was schlägt mein Herz?

Vielleicht denkst du jetzt: Nialls Geschichte klingt ja ganz nett – aber schon auch nach den Möglichkeiten eines weißen Mannes mit finanziellen Rücklagen. Teil der Elite. Dazu fällt mir eine Frau ein. Nicht Alte Welt und auch voller Leidenschaft.

DIE NEUE WELT …

SUCHT NACH SINN

ES IST HEISS HEUTE IN BERLIN. Saba und ich laufen gemeinsam über das Gelände der Union-Film am Rande der Hauptstadt. Ich bin froh, dass sie hier sein kann. Saba kommt aus Karatschi. Und Corona hat das Reisen enorm erschwert, besonders, wenn man aus Ländern wie Pakistan einreisen möchte. Vorbei an Film- und Tonstudios geht es zur Halle 10, in der sich heute alles um das Thema »Zukunft und soziale Wirkung nach Covid-19« dreht. In dem Glasgebäude steht die Luft. Saba stand schon auf vielen Bühnen dieser Welt, dennoch scheint sie angespannt zu sein. Es geht nicht nur um sie, es geht um ihre Mission.

Saba ist Journalistin, technologieaffin und setzt sich in Pakistan mit ihrem Unternehmen *Aurat Raaj* für die Rechte von Mädchen und Frauen ein. Ein nicht ganz ungefährliches Unterfangen in einem Land, in dem Aktivist:innen bedroht werden und Ehrenmorde – auch wenn sie gesetzlich verboten sind – noch immer stattfinden. Weil Menschen sich angeblich falsch kleiden, falsch lieben oder sich für die falschen Belange einsetzen.

Das Thema, das Saba besonders unter den Nägeln brennt: Wie kann ich Mädchen und Frauen, vor allem auf dem Land, mit Informationen versorgen, die ihren Körper betreffen. Gerade die Menstruation ist laut Saba ein Tabu, jedes zweite Mädchen weiß nicht, wie ihr geschieht, wenn sie das erste Mal ihre Tage bekommt. Sie fühlt sich schmutzig, beschämt, versteckt sich zu Hause, geht nicht zur Schule, vielleicht nie wieder. Fast 80 Prozent der Mädchen in Pakistan wissen nur wenig über die Abläufe in ihrem Körper, geschweige denn etwas über Tampons, Binden oder Menstruationstassen.

Es hat gedauert, bis Saba das richtige Tool gefunden hat, mit dem sie junge Frauen erreichen kann. Kein Blog, wie zuerst angedacht, mit Texten und Fotos zu allen möglichen Themen rund um Frauengesundheit. Auch keine App, für die die Mädchen erst einmal ein eigenes Telefon besitzen müssen – zumal es mit Informationen allein nicht getan ist. Je mehr sich Saba mit dem Thema auseinandersetzte, desto besser verstand sie, wie sehr den Mädchen und Frauen vertrauliche Gespräche fehlen. Die Möglichkeit, auch intime Fragen stellen zu dürfen. Schließlich erfand Saba den Chatbot *Raaji* mit dem Konterfei eines pakistanischen Mädchens, das sich besonders auf die Topics »Menstruation« und »Hygiene«

» Am Anfang meiner Reise als Sozialunternehmerin stand eine Bestandsaufnahme meines bisherigen Berufslebens: Mache ich die Dinge, die mir wichtig sind? Stupse ich mein Land in eine positive Richtung? Danach war klar, dass ich eine neue Route einschlagen möchte.

SABA KHALID

konzentriert. Einfach zu bedienen, ist die größte Anforderung. *Raaji* wird mittlerweile im Rahmen von Aufklärungsunterricht in Schulen eingesetzt und steht nach einer Einführung jeder Schülerin für ganz persönliche Fragen zur Verfügung – diskret, anonym, quasi unter vier Augen. Die Mädchen müssen keine persönlichen Daten hinterlegen, Gespräche werden nicht gespeichert, und wenn die KI merkt, dass Gefahr in Verzug ist, schaltet sich eine Gynäkologin ein.

Trotz vieler Anfeindungen rückt Saba von ihrem Ziel, die Lebenssituation von Mädchen in ihrem Land zu verbessern, nicht ab. Bisher konnte ihr niemand ihren Schneid abkaufen – weder fundamentalistische Fanatiker noch Headhunter. Saba wurde schon mit verschiedenen Preisen und Awards ausgezeichnet und vielfach von den großen (Tech-)Unternehmen als Talent umworben. Doch Saba baut lieber an ihrer eigenen Welt. Entwickelt ihre Ideen in ihrer kleinen Organisation kontinuierlich weiter und reist zwischen dem ländlichen Pakistan und dem Rest der Welt hin und her. Sie hört zu, fragt bei Mädchen und Frauen nach: Wie kann ich euch erreichen, was braucht ihr genau, was würde euch noch helfen? Mal entwickelt sie eine Comicserie, mal schließt sie sich einer Stiftung an oder hilft bei Programmen befreundeter Sozialunternehmer:innen mit.

Über die Jahre habe ich gemerkt, dass es Saba gar nicht so sehr darauf ankommt, mit welchen Produkten oder Dienstleistungen ihr Unternehmen erfolgreich ist. Sie ist sehr flexibel, wenn es darum geht, die Richtung zu ändern, und doch richtet sich ihr Tun immer an zwei zentralen Fragen aus: Der Frage nach dem Sinn – kann ich mit meiner Arbeit die Lebenssituation von jungen Mädchen und Frauen in meinem Land wirklich verbessern, kann ich andere Frauen dafür begeistern, sich ebenfalls zu engagieren und ein eigenes soziales Business aufzubauen? Und der Frage nach der Freude – macht mir meine Arbeit Spaß, gibt sie mir Kraft, weckt sie meine Neugierde? Saba ist technikbegeistert, fühlt sich der globalen FemTech-Community verbunden und macht sich stark dafür, mithilfe von Technologien eine gesündere, gerechtere und gemeinwohlorientierte Welt zu entwickeln.

Saba und ihre Arbeit sind außergewöhnlich, aber sie spiegeln auch die Realität einer ganzen Generation wider. Überall auf der

Welt, in reichen und armen Ländern, lassen sich junge Menschen bei der Berufswahl von ihren Überzeugungen leiten. So hat sich allein in Pakistan in den vergangenen Jahren eine rege Sozialunternehmer:innen-Szene entwickelt: Bei der letzten Erhebung über »The best countries to be a social entrepreneur 2019« der Thomson Reuters Foundation ergatterte das Land Platz 14 von 45, und liegt damit sieben Plätze vor Deutschland. Das Land ist jung, zwei Drittel der 210 Millionen Einwohner:innen sind keine 30 Jahre alt – und der Gedanke, das Land voranzubringen und damit gleichzeitig Geld zu verdienen, erscheint vielen jungen Erwachsenen attraktiv. Fast alle Universitäten haben Gründer:innen-Zentren, die entweder mit dem öffentlichen oder privaten Sektor zusammenarbeiten. Vor allem aber hilft die Ausrichtung nach Sinn und Begeisterung, sich in einer komplexen Welt zurechtzufinden und sich einen eigenen Weg zu bahnen.

Als wir in Berlin auf dem Podium diskutieren, vernetzt sie ganz selbstverständlich die persönliche Suche nach Sinn mit gesellschaftlich und wirtschaftlich notwendiger Veränderung. Ein Band zwischen jedem und jeder Einzelnen und der sich neu erschaffenden Welt. Das kommt bei den Zuhörern an. Der lange Applaus macht Saba etwas verlegen.

Jeder spürt längst, dass sich der Wind dreht. In der ganzen Welt suchen Berufsanfänger:innen, die kein eigenes Business aufbauen wollen, ihren Job mehr und mehr danach aus, was ihnen sinnvoll erscheint. Anna Kopp, eine befreundete Führungskraft bei Microsoft, hat mir erzählt, dass es bei allen Einstellungsgesprächen mit jungen Bewerber:innen immer nur um drei Dinge geht. Was verleiht der Firma und der ausgeschriebenen Position Sinn? Wie flexibel bin ich? Und was kann ich Neues lernen? Unternehmen reagieren darauf, indem sie längst nicht mehr nur eine gute

Bezahlung nebst Boni und Benefits bieten, sondern versuchen, Strukturen zu schaffen, die es Menschen ermöglichen, mehr in Eigenregie zu arbeiten und selbst wirksamer zu werden.

Auch wenn sich Werte verschieben, junge Menschen sind heute nicht einfach nur idealistischer als frühere Generationen. Der Ansatz, gesellschaftliche Probleme anders und besser zu lösen, hat ein milliardenschweres Potenzial – auch konventionelle Unternehmen schließen sich dieser Erkenntnis mehr und mehr an. Wenngleich, machen wir uns nichts vor, die Beharrungskräfte der Alten Welt vielerorts immer noch stark sind.

Vor Kurzem habe ich Saba zu einem Zoom Call eingeladen. Sie saß in Karatschi, ich in Malmö, neben mir Innovationsmanager:innen eines großen, schwedischen Unternehmens. Die Innovationsleiter:innen wollten von Saba wissen, wie man sinnvolle Produkte entwickeln kann, am besten mit Kund:innen zusammen, darin läge schließlich die Zukunft. Saba erzählte ihre Geschichte und stellte ihren Chatbot *Raaji* vor. Spätestens in der darauffolgenden Diskussion wurde allen klar, um welche Kernkompetenz es in Zukunft geht: Empathie. Saba kennt nicht nur die Probleme ihrer »Zielgruppe« sehr gut. Sie ist sich auch ihrer Rolle bewusst und geht umsichtig mit den Bedürfnissen und Wünschen ihrer »Kund:innen« um. Das wiederum schafft Vertrauen und damit die notwendige Basis, um (zusammen mit den Nutzer:innen) Produkte und Dienste zu entwickeln, die wirklich passen und Sinn ergeben.

Sabas Worte lassen mich an meine eigene Sinnfindung denken. Als ich vor einem Jahrzehnt anfing, Unternehmen und sozialunternehmerische Start-ups zusammenzubringen, ging es oft noch um soziale Projekte. Darum, dass Firmen etwas Gutes tun

Mach aus
deinem inneren
Kompass dein
Geschäftsmodell.

Sinn und Freude
leiten dich.

wollten. Mittlerweile ist sinnvolles Wirtschaften im Mainstream angelangt.Kund:innen verlangen es und bringen mit ihren Wünschen die großen Konzerne in Bewegung. Außerdem ist eine ganze neue Generation von kleinen Zebra-Firmen entstanden – Firmen, die Geld verdienen und sinnvolles Tun miteinander verbinden. Das klappt manchmal besser und manchmal schlechter, aber insgesamt hat es im letzten Jahrzehnt einen gewaltigen Schub ausgelöst. Hinzu kamen die brennenden Themen wie Klimawandel und soziale Ungleichheit. Nachhaltige Produkte werden als wirtschaftliche Chance gesehen. Ja, vielleicht sogar als die größte Überlebenschance für Unternehmen in allen Branchen.

Vielleicht denkst du jetzt, dass ich mit Saba thematisch etwas dick aufgetragen habe. Denn noch regieren die großen Konzerne und ihre Shareholder die Welt. Sie entscheiden, welche Produkte und Dienstleistungen angeboten werden. Mit Menschen und Mitarbeitenden, die, wie der alte Marx sagen würde, primär ihre Arbeitskraft verkaufen. Das ist mir durchaus bewusst. Aber die Neue Welt entsteht nicht aus einem Entweder-oder-Denken, sondern im Übergang des Sowohl-als-auch. Viele Köche, viel Brei. Da fällt mir ein Mann ein, der auf besondere Weise für diesen Übergang steht.

DIE NEUE WELT …

IST UN-ABHÄNGIG

SAM LEE SITZT IM HOODIE IM WOHNZIMMER seines neuen Zuhauses in Miami. An der Ostküste ist es bereits ziemlich spät. Obwohl ich ihn im Dämmerlicht auf meinem Monitor nicht optimal sehen kann, entgeht mir nicht, wie braun gebrannt er inzwischen ist, wie relaxed. Als wir uns das erste Mal trafen, trug er noch die schicksten Klamotten und war ziemlich blass um die Nase.

Sam und ich lernten uns 2017 in China kennen, nahe der nordkoreanischen Grenze in Dalian. Wir waren beide zu einem Vortrag des chinesischen Premierministers eingeladen. Das Wetter war großartig und ich wollte die 800 Meter vom Hotel zum Konferenzzentrum nicht wie die anderen Teilnehmer:innen mit dem Bus zurücklegen, sondern zu Fuß. Ich merkte schnell, warum ich der Einzige war. Während die Busse die Checkpoints ohne Weiteres passieren durften, wurde ich alle zehn Meter von einem Sicherheitsbeamten aufgehalten und darauf hingewiesen, doch bitte etwas weiter rechts oder links zu laufen. Kurzum, der Premierminister wartete mit seiner Rede nicht auf mich – und weil ich nicht zu spät in den Raum platzen wollte, steuerte ich die nächste Kaffeebar an. Dort traf ich Sam, der sich ebenfalls entschlossen hatte, den offiziellen Part auszulassen.

Sam konnte auf eine Bilderbuchkarriere zurückblicken: gute Uni, danach Investmentbanker bei Goldman Sachs, dann Topposition im Management von WeWork. Zuständig für das Wachstum der Co-Working-Firma. Er war ständig unterwegs. Wir verstanden uns auf Anhieb gut und tauschten uns in den darauffolgenden Jahren regelmäßig aus. Über die WeWork-Kultur und, nachdem WeWork mehr oder weniger kollabierte, sowohl über seine freiberuflichen Projekte als auch sein Vorhaben: der wachsenden Gruppe von Freiberuflern in den USA zu helfen, erfolgreich ein möglichst selbstbestimmtes, berufliches Leben zu führen. Nicht zuletzt, weil er selbst unabhängig bleiben wollte und sich für ihn ein eindeutiger Trend abzeichnete.

Im Frühling 2021 wurde in den USA ein neues Phänomen beobachtet, das in Europa genauso sichtbar ist: »The Great Resignation«. Nachdem die Büros wieder eröffneten und viele Firmen ihre Mitarbeitenden aufriefen, wieder vom Büro aus zu arbeiten, passierte Unvorstellbares. Monat für Monat kündigten Millionen von Amerikaner:innen ihre Jobs. Monatlich um die vier Millionen. Im Dezember 21 sogar noch mehr. Und obwohl es in dem Land noch immer eine hohe Arbeitslosenquote gibt, sind diese Millionen von offenen Stellen nicht leicht neu zu besetzen. Mit so einer großen Verschiebung herrscht in vielen Branchen akuter Personalmangel. Allen voran Dienstleistung, Gesundheit, Transport und Logistik.

» Während der Pandemie haben Millionen von Fachkräften gekündigt. Weil sie sich entschieden haben, ab jetzt für sich selbst zu arbeiten. Selbst zu bestimmen, womit sie ihr Geld verdienen und wie sie ihre Arbeit mit ihrem Leben in Einklang bringen wollen.

SAM LEE

Sam ist mitten im Thema. Er zeigt mir neue Statistiken und Hintergrundartikel über den Zoom-Bildschirm. Zum Beispiel geht *Upwork*, eine führende Jobplattform für Freelancer:innen, davon aus, dass zehn Millionen derer, die gekündigt haben, sich nicht mehr nach einem festen Job umschauen, sondern den Schritt in die Selbständigkeit gehen werden. Im Jahr 2021, zwinkert Sam, haben laut *Hustler* mehr Menschen gegoogelt »Wie ich ein Business starte« als »Wie ich einen neuen Job finde«. Hinzu kommt: Die Kündigungen reduzieren sich nicht auf die Bildungselite. Besonders in der Gastronomie, Hotellerie oder Pflege kamen Mitarbeitende nicht zurück. *Zeit*-Journalist Mark Schieritz, der mich unlängst für einen Artikel interviewte, spricht in diesem Zusammenhang von »der neuen Macht der Angestellten« und einem »Machtgefälle«, das sich »langsam zwar, aber spürbar« umkehrt. Ich sehe das ähnlich: Die Bedeutung der Führungskräfte für den Geschäftserfolg nimmt ab, während die Bedeutung der Mitarbeitenden zunimmt – vor allem, wenn Freelancer:innen und (selbstorganisierte) Projektgruppen statt etablierter Hierarchien das Arbeitsleben bestimmen.

Der große Sprung in die Selbständigkeit hat natürlich nicht nur etwas mit einer neu erlernten Flexibilität oder einer schwindenden Lust auf Angestelltendasein zu tun. Gerade im Dienstleistungssektor stagnierten bereits vor Corona die Löhne, es fehlten Perspektiven – und Menschen sahen sich aufgefordert, nicht nur über neue, berufliche Optionen nachzudenken, sondern auch über den Wert ihrer Arbeitskraft. Die Pandemie wirkte dann wie eine Zäsur: Aus »man müsste« wurde in vielen Fällen ein »ich will«. Freier arbeiten, unabhängiger, sinnorientierter, selbstbewusster.

Jetzt glüht der Zoom-Bildschirm. Sam führt aus, dass er am Anfang überrascht war – im Gegenteil zu den vielen Geschichten über Freelancer:innen –, mehr Geld bei weniger Zeitaufwand zu verdienen. Um seine Erfahrung und das Know-how anderer erfolgreicher Selbständiger weiterzugeben, hat er deshalb die

Selbständig
heißt
nicht
einsam.

Suche die
Unterstützung
der vielen,
die deinen
Weg stützen.

Plattform *IndeCollective* gegründet mitsamt Ausbildungsprogramm. Dort lernen Freiberufler, wie auch sie ihre Nische finden, sich (nicht unter Wert) verkaufen und ihre finanzielle Zukunft planen. Denn klar ist: Der Shift von einem Vollzeitangestellten zu einer/einem selbständigen Unternehmer:in funktioniert nicht auf Fingerschnipp. Fähigkeiten, Know-how und Netzwerk lassen sich nicht eins zu eins übertragen.

Dass Sam erfolgreich und zugleich entspannt ist, erkenne ich nicht nur an seiner gesunden Gesichtsfarbe. Sein Kollektiv hat regen Zulauf. Deshalb bringe ich ihn auch bald darauf mit weiteren virtuellen Gästen in einer Zoom-Sitzung zusammen. Es sind Führungskräfte aus großen Konzernen. Von der »The Great Resignation« haben die meisten noch nicht gehört. Sam führt sie durch die Neue Welt. Eine Welt, in der sich die gewohnt festen Arbeitsstrukturen auflösen. »Bei dieser Entwicklung«, so Sam, »müssen wir die Menschen sorgsam begleiten, um möglichst wenige unterwegs zu verlieren.« Zum anderen brauche es clevere Lösungen, mit denen sich die Zusammenarbeit von Menschen, die bereits heute unabhängiger und flexibler arbeiten (wollen), organisieren lässt.

Vielleicht denkst du jetzt, dass die Selbständigenquote in Deutschland immer noch die niedrigste in Europa ist. Und dass viele junge Menschen den sicheren Hafen der Festanstellung ansteuern. Doch der Aufbruch in die Neue Welt sucht Freelancer:innen und Festangestellte, Sinnsucher:innen und Sinnstifter:innen gleichermaßen. Ich reise deshalb wieder nach London und von dort aus virtuell nach Finnland. Dort will ich Menschen treffen, die in der Vernetzung kreativ sind. Denn mich interessiert, wie konkret die Neue Arbeitswelt schon ist.

DIE NEUE WELT …

ARBEITET VERNETZT

ES IST HERBST, die Bäume haben schon fast alle ihre Blätter verloren. Ich blicke vom 40. Stock eines Wolkenkratzers hinunter auf die winzigen Menschen und Autos, die sich geschäftig ihre Wege durchs Londoner Business- und Bankenzentrum bahnen. Im großen Workshop-Raum hinter mir unterhalten sich Menschen angeregt vor einem Whiteboard. Eva, Leaderin bei einem der größten Konsumgüterhersteller der Welt, hat mich nach London gebeten, um zusammen mit ihren Kolleg:innen aus Personal, Strategie, Vertrieb und Design ein Konzept zu der Frage zu entwickeln: Wie können in Zukunft 300 000 Menschen zusammenarbeiten, wenn 80 Prozent von ihnen nicht mehr in festen Abteilungen sitzen, sondern frei umherschwirren in einem losen Talente-Pool?

Das soll in ein paar Jahren der Fall sein. Ich bin nicht alleine dieser Einladung gefolgt, sondern habe spannende Wissenschaftler:innen und Entrepreneur:innen aus unserem Netzwerk mit dabei. Darunter auch Mark* aus Hamburg, der 22 Stunden mit dem Zug nach London gereist ist, um die Umwelt nicht zu sehr zu belasten. Mark erzählt von seinem Arbeitgeber, der ziemlich besonders ist: *Premium Cola*, inzwischen umbenannt in *Premium-Kollektiv*. Alle wichtigen Entscheidungen – vom Sortiment angefangen über die Höhe der Produktion bis hin zum Logo – werden dort von einer Gemeinschaft getroffen, zu der nicht nur Mitarbeitende gehören, sondern auch Kund:innen, Spediteur:innen, Händler:innen und Gastronom:innen. Ein großes Netzwerk von Entscheider:innen. Mehr als 250 stimmberechtigte Personen sitzen mit an Bord des Unternehmens. Doch was sich nach komplizierter Entscheidungsfindung anhört, folgt einem ziemlich ausgereiften Prozess. Das Befremden zwischen den Manager:innen – effiziente Konzernstrukturen und klare Hierarchien gewohnt – und Mark ist förmlich zu spüren. Die Diskussion nimmt sofort Fahrt auf. Knisternde Stimmung im Raum. Klischees rollen heran.

Denn es gibt sie: die Headquarter der Unternehmen in Bangkok, Mailand, Paris, München oder Montreal mit Hauptgebäude und zentralem Campus. Eingangshallen und Büroeinrichtungen sind so unterschiedlich wie die jeweilige Organisationskultur dahinter. Und doch sind die Abläufe selbst für Besucher:innen ähnlich strukturiert. Man meldet sich an der Rezeption an, bekommt einen Ausweis mit Foto und Clip. Je nach Wichtigkeit wartet man im Foyer, wird abgeholt oder direkt weitergeschickt. Mal bleibt man

» Zukunft findet nur gemeinsam statt. Deswegen braucht es Zugang zu und Austausch innerhalb einer weltweiten Community.

SANTTU HULKKONEN

im Hauptgebäude, mal gelangt man über lange Gänge und diverse Abkürzungen in einen der Nebentrakts, mal fährt man mit einem der Aufzüge in die Höhe. Und erkennt: Je zentraler beziehungsweise je höher das Büro gelegen, desto wichtiger die Person, die da auf einen wartet, und desto weniger Mitarbeitende laufen einem über den Weg. Wieder meldet man sich an, diesmal bei der Büroleitung. Wartet. Und wird je nach Wichtigkeit früher oder später zu einem Meeting-Raum geleitet, in dem Wasser, Softdrinks und Kaffee bereitstehen. Bei den Tech-Giganten des Silicon Valleys gerne auf einer schicken Getränkebar, bei den neuen Konzernen Schenzhens gerne auf alten, überdimensionalen, runden Holztischen aus Teak. Je freundlicher man empfangen wird, desto eher lernt man auch die abgeschirmten Bereiche kennen. Das Restaurant, das nur Führungskräften und deren Gästen vorbehalten ist.

Die zentralen Parkplätze mit direktem Zugang zu den oberen Etagen. Die Etage mit den historischen Produkten und neuesten Innovationen. All das (Aufbau, Ablauf, Kultur, Privilegien) hat lange Zeit die Kultur von Konzernen bestimmt.

Doch in einer Arbeitswelt, in der zwei Drittel der Angestellten nicht mehr ins Büro zurückkommen wollen, steht es mehr und mehr zur Debatte. Insofern muss Arbeit neu gedacht werden. Wie organisieren? Wie verteilen? Wie strukturieren? Wie das Erleben einer Organisation, ja einer ganzen Unternehmenskultur in eine Welt übertragen, in der Software das wichtigste Bindeglied ist?

Zurück in unseren Meeting-Raum im Herzen Londons. Auch wenn es zuerst nicht danach aussieht, am Ende des Tages ist sich die gemischte Gruppe ziemlich einig. Wenn Mitarbeitende von Projekt zu Projekt wechseln und sich relativ frei in der Organisation bewegen, müssen zwei Dinge möglich sein. Erstens, die Firma muss in der Lage sein, Personen nach Fähigkeiten, aber auch Einstellung und Persönlichkeit in die richtigen Teams zu platzieren. Zweitens müssen Mitarbeitende sich immer wieder neu die Frage stellen dürfen, was sie begeistert und in welchen Themenfeldern sie sich mit neuen Fähigkeiten weiterentwickeln wollen – denn nur wenn sie darauf eine Antwort haben und ihr Tun entsprechend ausrichten können, werden sie einen wirklichen Beitrag leisten.

Das ist auch Santtu Hulkkonens Überzeugung. Bei unserem letzten Videocall saß er vor einer Hütte am See, im Hintergrund dichter Wald im finnischen Halblicht. Santtu kommt aus dem Nachhaltigkeitsbereich und hat sich früh die Frage gestellt, ob man die ökologischen und sozialen Probleme unserer Welt nicht schneller lösen könnte, wenn man immer genau die Expert:innen

Überall warten
Menschen
darauf,
mit dir zusammen
etwas zu bewegen.

Finde sie.
Ein Klick genügt.

mit der jeweils besten Expertise zusammenbringt. Über Umwege ist er so zum Technologieunternehmer geworden. Heute hilft sein Unternehmen *Solved* bei der Vernetzung; mit der von ihm mitentwickelten Software lassen sich weltumspannende Communitys aufbauen – aus Menschen, die sich noch nie gesehen und zum großen Teil auch noch nie voneinander gehört haben und dennoch miteinander arbeiten wollen. Für ein gemeinsames Ziel, eine gemeinsame Sache.

Santtu lacht. Mit einer Tasse Tee in der Hand bestätigt er, dass sich das alles einfacher anhört, als es ist. Wie findet man die richtigen Expert:innen, die über die ganze Welt verstreut und nicht so einfach zu finden sind? Wer weiß überhaupt, nach wem man sucht und wie das »richtige« Team zusammengesetzt sein muss, um die jeweilige Aufgabe bewältigen zu können? Wie baut man ein fluides Netzwerk aus Menschen auf, die möglichst auf Abruf Lösungen entwickeln sollen, immer in verschiedensten Konstellationen? Wie bringt man Menschen so zusammen, dass ein wirkliches Team entstehen kann, mit voller Konzentration und Leidenschaft und doch zeitlich begrenzt? Wie reagiert man bei unguten Dynamiken innerhalb eines Teams, wie stark sollte eine Software eingreifen können?

Wer diese Fragen beantworten kann, hält einen wichtigen Schlüssel zur Zukunft der Arbeit in Händen. Ganz gleich, ob eine Organisation Freelancer:innen aus aller Welt zusammenbringen möchte oder ein global tätiges Unternehmen seine festen Mitarbeitenden, die ebenfalls weit verstreut sitzen können. Ganz gleich, ob man extern oder intern nach der idealen Teambesetzung sucht. Google, Slack, Microsoft, IBM und Hunderte kleinerer Tech-Unternehmen arbeiten an kreativen Lösungen, um diese Zukunft zu gestalten.

In der Neuen Welt ist Software von zentraler Bedeutung, um Gleichgesinnte zu finden und (miteinander) arbeiten zu können – laut des Jobportals Monster nehmen vier von zehn Kandidat:innen der Generation Z heute schon kein Angebot mehr an, wenn sie nicht auch remote arbeiten können. Spannend ist aber auch Punkt zwei, auf den sich die Gruppe in London verständigen konnte: Wie helfen wir Menschen, sich stetig weiterzuentwickeln. Neues dazuzulernen, um in neuen Gruppenkonstellationen einen Beitrag leisten zu können?

Vielleicht denkst du jetzt, dass Arbeiten in der Abgeschiedenheit finnischer Wälder nur für wenige Teile der Gesellschaft eine Option ist. Oder die Steuerung von Menschen durch künstliche Intelligenz und Software eher nach Dystopie klingt. Gute Einwände, die man nicht außer Acht lassen sollte. Deshalb reise ich weiter nach Stockholm und treffe eine Frau, die genauer weiß, wie schnell sich Arbeit verändert, und zwar über alle Professionen hinweg. Von den stillen Wäldern geht es zurück in die Stadt.

DIE NEUE WELT …

LERNT WEITER

SCHARFER WIND BLÄST MIR INS GESICHT. Ich finde mich am Rand einer Autobahn wieder. Links abgeerntete Felder, so weit das Auge reicht. Rechts drei riesige Logistikhallen umringt von Lkws. Es geht zu wie in einem Bienenstock. Ich bin hier, um mir ein modernes Logistikzentrum anzuschauen. Alles erscheint überdimensional. Außen wie innen. Ein Freund führt mich durch die riesige Halle, die Abläufe sind fast komplett automatisiert. Roboter transportieren Regale, heben Paletten, helfen beim Verpacken. Ein junger Mann kreuzt unseren Weg. Nach einer kurzen Unterhaltung setzen wir unseren Weg fort und mein Freund sagt zu mir: »Einer unserer Auszubildenden. Wenn er mit seiner Ausbildung fertig ist, wird es seinen Beruf wahrscheinlich nicht mehr geben.« Den Satz habe ich bis heute im Ohr und er erklärt, warum Menschen wie Lily* so wichtig sind.

Lily sitzt in Stockholm, ich kenne sie eigentlich nur gut gelaunt. Muss sie auch sein, denn sie hat eine herausfordernde Rolle, die es seit Kurzem in fast jeder großen Organisation zu besetzen gilt. Sie ist in ihrer Firma für Future of Work, die Zukunft der Arbeit, verantwortlich – und der Grund ist uns allen bekannt.

Zum einen dreht sich unsere Welt immer schneller, und Unternehmen sind darauf angewiesen, dass Mitarbeitende selbstbestimmt die richtigen Entscheidungen treffen. Nahe dran am Problem und möglichst just in time. Denn wenn alles wie früher erst über den Schreibtisch der Führungskräfte geht, dauert es zu lange – zumal diese oft gar nicht mehr im Thema sind, zu komplex die Fragestellungen, zu spezialisiert das Fachwissen. Mehr und mehr CEOs realisieren, dass die Menschen in ihrer Organisation der zentrale Erfolgsfaktor sind, wichtiger als neue Innovationen oder existierende Produkte. Eine Revolution, die jedoch nur mit selbstbewussten und befähigten Mitarbeitenden innerhalb einer wertschätzenden Kultur und flexiblen Strukturen funktionieren kann.

Zum anderen ändern sich durch die Digitalisierung die Geschäftsmodelle so schnell, dass sich viele Berufsprofile rasant weiterentwickeln. Skills, die gestern noch wichtig waren, reichen morgen schon nicht mehr aus oder sind gar nicht mehr gefragt. Nehmen wir zum Beispiel die Welt der Supermärkte: Kaum einer der großen Einzelhändler experimentiert derzeit nicht mit neuen Konzepten,

> » Lebenslanges Lernen bedeutet nicht, sich immer tiefer in sein Fachgebiet zu schrauben. Lebenslanges Leben bedeutet, sich als Unternehmer seines eigenen Lebens zu verstehen: Welche Fähigkeiten brauche ich, um immer wieder mit Spaß etwas Neues beitragen zu können?
>
> LILY

in denen Kassierer:innen an Bedeutung verlieren, Logistiker:innen hingegen an Bedeutung gewinnen. Geschäftsführer:innen und Manager:innen, mit denen ich spreche, richten sich mit ihren Planungen nach Studien, die besagen, dass ein Drittel der Jobs, in denen Mitarbeitende 2025 arbeiten werden, heute noch nicht existieren. Hinzu kommt, dass sich ganze Branchen transformieren. Während Kinobetreiber:innen Mitarbeitende eher entlassen, suchen Krankenhäuser und Pflegeheime händeringend neue Kräfte. Covid-19 hat diese Verschiebung weiter vorangetrieben. Jobs fallen weg, neue Jobs entstehen, Organisationen und Branchen verändern sich – doch auch damit ist es nicht getan, in Wahrheit ist die Herausforderung, vor der wir stehen, noch viel größer.

Wir treffen uns in einem Café. Junge Menschen sitzen vor ihrem Laptop. Versunken, konzentriert, fokussiert. Lily zeigt mir Daten, die ich schon in einigen anderen Analysen gesehen habe: Bis zu 50 Prozent (!) aller Arbeitnehmer:innen brauchen bis 2025 neue Fähigkeiten, um angesichts des permanenten Wandels auch weiterhin einen Wertbeitrag leisten zu können. Bei einer Firma mit 150 000 Mitarbeitenden sind das bis zu 75 000 Menschen, die weitergebildet oder umgeschult werden müssen. Für ganz Deutschland 22 Millionen, für Europa mehr als 110 Millionen Menschen. Laut Lily braucht es bis zu sechs Monate, bis Menschen eine neue Fähigkeit erlernt haben. Wobei Weiterbildung nicht nur in Form von Kursen stattfindet, sondern auch informell beim täglichen Tun.

Die Frage ist: Woher wissen wir, was Mitarbeitende alles lernen müssen? Natürlich geht es um Digitales und Technologie. Um Nachhaltigkeit und grüne Innovationen. Doch Mitarbeitende werden all diese Fähigkeiten nur effektiv einsetzen können, wenn sie auch über die Kernkompetenzen der Zukunft verfügen. Und diese sind grundsätzlicher Natur: kritisches Denken und Analysieren, Problemlösung, Selbstmanagement, Resilienz und Stresstoleranz, aktives Lernen und Flexibilität. Fähigkeiten, die noch wichtiger als beispielsweise Programmieren sind. Aber sie sind auch schwerer zu erlernen – fünf Videos zu Resilienz reichen nicht aus. Wie geht man am besten vor? Lily hat entschieden: Indem man keine Zeit verliert und anfängt. Am besten gleich.

Wir bestellen zwei weitere Kaffees und Lily erzählt, dass sie jedes Quäntchen Überzeugungskraft dafür einsetzt, dass Dinge

Lerne jedes
Jahr
etwas ganz
Neues.

Für dich und
für andere.

Ein Skill mehr
auf deinem Weg.

sich schneller bewegen. Mit ganzer Kraft versucht sie, Bewusstsein innerhalb ihres Unternehmens zu schaffen, damit Topmanager:innen verstehen: Mitarbeitende brauchen ab sofort Zeit zum Lernen. Und sie sollen selbst entscheiden können, was sie lernen wollen. Auch wenn das auf den ersten Blick nichts mit ihrer Arbeit zu tun hat. Auf die Frage, ob sie ihren Mitarbeitenden einen Segelkurs bezahlen würde, sagt Lily ganz klar: »Ja!« Weil ihnen der Kurs hilft, ihre Resilienz, Energie und Gesundheit zu verbessern. Lily entwickelt Szenarien, wie sich Jobs innerhalb der Organisation verändern und neue Berufe aussehen könnten. Diese Szenarien setzt sie dann probehalber um, mit Menschen, die Lust darauf haben. Über alle Hierarchieebenen und Standorte hinweg entwickeln sich so Keimzellen, in denen Zukunft heranwachsen darf.

Die meiste Energie steckt Lily jedoch in den Versuch, lebenslanges Lernen sexy zu machen. Denn den meisten ihrer Kolleg:innen macht die Zukunft der Arbeit vor allem eins: Angst. Und sie reagieren so, wie ängstliche Menschen oftmals reagieren: Sie blenden aus, halten sich an Altbewährtem fest, nehmen neue Lernangebote nur zögernd an. Woher diese Angst kommt? Wann diese Angst anfängt?

Vielleicht denkst du jetzt, dass die Angst nicht unbegründet ist. Und dass der Gedanke, sich ständig weiterentwickeln zu müssen, nicht gerade attraktiv ist in einer Zeit, in der Stress und psychische Belastung sowieso schon groß sind. Das verstehe ich sehr gut. Deshalb reise ich wieder zurück nach Berlin zu zwei jungen Menschen, die sich schon früh mit ihren Ängsten auseinandergesetzt haben.

DIE NEUE WELT …

ÜBERWINDET ANGST

BERLIN MITTE. Ich sitze auf dem Campus der *DO School* in einem Café. Durch die Glastür sehe ich, wie ein steter Strom von Menschen vorbeizieht. In Richtung Galerien nebenan, der Internationalen Schule gegenüber, der Stiftung in den oberen Stockwerken. Neben mir sitzen Luna* und Finn*, beide 18 Jahre alt, frisch getestet und mit einem Becher Tee in der Hand. Wir sprechen darüber, wie sich die Pandemie für Schüler:innen und junge Menschen anfühlt. Wie es war, Abitur ohne Abifeier zu machen. Über das Highlight des letzten Schuljahres: ein heimliches Treffen zu dritt und mit Bier im Park. Und wie wenig sie in den letzten Monaten von der Schule mitgenommen haben. Im Vergleich zu anderen sind sie ganz gut durchgekommen, sagen sie. Dennoch treibt sie etwas um, das ich seit Jahren immer wieder von Abgänger:innen aller Schularten höre: das Gefühl, nicht zu den 20 Prozent der Jugendlichen zu gehört, die wissen, was sie mit ihrer Zukunft anstellen wollen. Acht von zehn Schulabgänger:innen hören deshalb auf den Rat ihrer Eltern oder ihrer Freund:innen, was sie als Nächstes tun sollen – Ausbildung, Studium, arbeiten, soziales Jahr, auf Reisen gehen. Auch wenn diese Ratschläge noch so gut gemeint sind, wie gut können sie sein? In einer Welt, in der sich so gut wie alles ändert. Man anscheinend alle Chancen hat und zugleich keine.

Wir kennen alle das Spannungsfeld: Schulbildung muss sich komplett verändern, weil unser lineares Bildungssystem aus der Zeit der Industrialisierung stammt. Damals wusste man grob, was der Arbeitsmarkt braucht, um Fortschritt zu erzielen, dafür bildete man aus. Doch unsere heutige Gesellschaft und Wirtschaft funktionieren anders, insofern reicht es nicht aus, bloß nachzujustieren. Lichtblick: 2020, mitten in der Pandemie, wurde die Rekordsumme von 16,1 Milliarden US-Dollar in Bildungsfirmen investiert, eine 32-fache Vervielfachung gegenüber 2010.

Ich schenke eine Runde heißen Tee nach. Luna spricht ganz offen über ihre Angst, die sie gegen Ende ihrer Schulzeit hatte. Und was diese Angst vor der Zukunft bei ihr ausgelöst hat: »Die Schule hat mir alles vorgegeben, ich musste nur im Rahmen funktionieren, aber als es dann auf's Abi zuging, kamen mir Zweifel, ob ich das Leben jenseits der Schule überhaupt leben kann. Komme ich alleine zurecht? Bisher hatte ich ja immer nur mitgemacht.« Die Umfrage »Youth Recovery Plan« des World Economic Forum, an der etwa 200 000 Jugendliche aus 187 Ländern teilnahmen, kam

» Das wichtigste Ziel sollte für Schüler sein, nach ihrem Abschluss zu wissen, wer sie sind, was sie wollen, wie Leben funktioniert. Auch um hoffnungsvoll in die Zukunft blicken zu können. Die Schulen vermitteln diese Kompetenz (noch) nicht – also müssen wir uns selbst darum kümmern.

LUNA

kürzlich zu dem Ergebnis, dass sich über die Hälfte am Ende ihrer Schulzeit unzureichend für die Zukunft vorbereitet fühlen. Zudem gab ein Viertel aller Teilnehmer:innen an, Schulden machen zu müssen, wenn bei ihnen eine unerwartete Krankheit auftritt.
Für mich passen diese Zahlen ins Bild: Wirtschaftliche Zwänge, gefühlte Alternativlosigkeit und Druck führen seit Jahren dazu, dass junge Menschen nach der Schule zielstrebig ihre Ausbildung vorantreiben. Um dann mit dem Eintritt ins Berufsleben fest-

zustellen, dass ihnen das Studium der Betriebswirtschaftslehre, Rechtswissenschaften oder Architektur weder Sicherheit noch Orientierung bieten kann.

Luna und Finn haben sich entschieden, ihren Weg anders zu gestalten. Sie sind fertig mit der Schule. Bevor sie die nächsten Schritte planen, suchen sie erst einmal nach Antworten. Wollen herausfinden, wer sie sind, was sie antreibt, was sie gut können, was sie begeistert. Durch Praktika in verschiedenen Unternehmen wollen sie Erfahrungen sammeln. Und sie suchen den Austausch mit Menschen, die bereits ihren Weg gefunden haben: Wie haben sie das angestellt, wo liegen die Hürden, würden sie heute eine andere Route wählen? Leicht war es nicht, so Finn, seinen Freund:innen zu erklären, dass er erst mal versuchen will, mehr über sich selbst zu erfahren. Die meisten haben sofort mit einem Studium angefangen, »irgendwas, irgendwo«.

Luna und Finn lassen sich nicht beirren. Die beiden erzählen, wie viel Spaß es macht, zusammen mit anderen ein konkretes Thema anzugehen und zu erkennen, wie man Probleme innerhalb einer Gruppe lösen kann. Wie sie lernen, Entscheidungen zu treffen, auch in komplexeren Situationen, und dadurch selbstbewusster werden. Wie sie sich informieren, welche Berufe es heute schon gibt und welche vielleicht morgen. Wie es ist, sich schon mit 18 bezüglich der eigenen Stärken coachen zu lassen – und nicht erst mit 40. Wie stolz sie sind, sich Zeit zu lassen, und wie sich auch innerhalb ihres Freund:innen- und Bekanntenkreises Skepsis in Unterstützung verwandelt.

Als wir uns fast schon verabschiedet haben, dreht sich Luna noch mal um und sagt den zentralen Satz: »Durch das letzte Jahr habe ich Fähigkeiten gelernt, die jeder in der Schule lernen sollte. Aber

Erst mal
loslassen.

Gib dir die
Chance,
deine Stärken zu
entdecken.

Der Weg
öffnet sich.

viel wichtiger: Ich habe das Gefühl, meine Welt ist aufgegangen. Ich habe meine Angst überwunden, und zum ersten Mal freue ich mich auf die Zukunft.«

Vielleicht denkst du jetzt, dass du keine Zeit hast, erst einmal eine Phase der Orientierung einzuschlagen. Deine Familie, deine Freund:innen oder du selbst konkrete Erwartungshaltungen haben, die eine solche Freiheit fast unmöglich machen. Oder du stellst dir die Frage, wie das überhaupt gehen soll: Raum schaffen, um über Zukunft nachzudenken. Deshalb entfernen wir uns jetzt wieder von Berlin und besuchen Überzeugungstäter:innen, die Menschen neue Perspektiven geben wollen. Und dafür ganze Institutionen in Richtung Zukunft schubsen.

DIE NEUE WELT …

BAUT NEUE INSTITUTIONEN

MEIN BLICK GLEITET ÜBER EINE RIESIGE BURG inmitten eines Sees brauner Erde und goldenem Sand. Ich bin zum ersten Mal in Al-Ain, einer Oasenstadt in der Wüste der Vereinigten Arabischen Emirate. Die Festung Al Jahili Fort ist das vielleicht schönste Bauwerk aus Lehm weltweit. Es liegt im Südosten der Stadt und weniger als eine Stunde Fahrt vom hypermodernen Hauptgebäude der United Arab Emirates University entfernt. 1976 von Scheich Zayid bin Sultan Al Nahyan gegründet und seit ein paar Jahren die Wirkungsstätte von Nihel Chabrak, die hier versucht, die Uni-Welt auf den Kopf zu stellen.

Seit Jahren treibt Nihel ein Problem um. In der arabischen Welt, in Afrika und Südostasien wachsen in den nächsten Jahren durch die geburtenstarken Jahrgänge 100 Millionen junge Menschen heran, für die es, so die Vorhersagen, keine Jobs geben wird. Bereits heute sind laut eines Reports des Entwicklungsprogramms der Vereinten Nationen (UNDP) in Nahost und Nordafrika ein Drittel der Bevölkerung unter 24 Jahren arbeitslos. Während die Jugendarbeitslosigkeit im globalen Durchschnitt bei zwölf Prozent liegt, sind in der arabischen Welt 26 Prozent betroffen, betrachtet man nur junge Frauen, sogar 39 Prozent. Nihel stammt aus Tunesien und hat als Professorin für Wirtschaftswissenschaften in verschiedenen Ländern unterrichtet. Doch nach ihren akademischen Jahren kam sie zu der Überzeugung: Egal, wie viele junge Menschen an Bachelor- oder Master-Programmen auch teilnehmen, es löst das grundlegende Problem nicht. Was bringt es, junge Menschen für Jobs und Karrieren auszubilden, die es nicht gibt?

Rund um die Welt weisen Kritiker:innen darauf hin, dass Universitäten heute eher wie Unternehmen funktionieren, fokussiert auf Rankings und den eigenen Profit – und nicht auf die Frage, wie man seine Studierenden bestmöglich auf das Leben nach dem

Studium vorbereiten kann. In Ländern, in denen Studiengebühren normal sind, nehmen junge Menschen oft Kredite auf und starten mit hohen Schulden ins Berufsleben, die sie unter Umständen nie zurückzahlen können. Allein in den USA hat die Summe, die mehr als 40 Millionen Menschen zurückzahlen müssen, inzwischen die Billionen-Dollar-Marke überschritten – Politiker:innen fühlen sich an die Immobilienblase von 2008 erinnert und warnen bereits vor einer »College Bubble«.

» Wenn es dir nicht gelingt,
dein Ziel zu erreichen,
ändere deine Mittel,
aber nicht deine Prinzipien,
denn ein Baum ändert seine Blätter,
nicht seine Wurzeln.

NIHEL CHABRAK

Nihel entschied, sich nicht zurückzuziehen, in die Forschung, in die Lehre, sondern aktiv zu werden und ihrer Idee zu folgen: Menschen nicht weiterhin mit ihrer Ausbildung in eine ungewisse Zukunft zu schicken, sondern sie zu befähigen, in ihrer Stadt, in ihrem Land eigene Jobs zu kreieren. »Educate job creators not job seekers.« Menschen auszubilden, dass sie sich ihren eigenen Job erschaffen. Nur wie?

Zuletzt habe ich Nihel in Dubai getroffen, auf der Palm, der künstlichen Insel vor Dubai, die wie eine Palme designt ist. Sie hatte mich und einige andere eingeladen, um für die Weltausstellung Expo in den Vereinigten Arabischen Emiraten eine neue Institution anzudenken. Unsere Gruppe war sehr von Nihel beeindruckt. Mit Verve erzählte sie ihren Transformationsprozess. Vom Dozieren ins Tun kommen. Weil es in den festgefahrenen Strukturen einer herkömmlichen Universität schwer möglich ist, wirklich neue Wege einzuschlagen, trotz Unternehmer:innen-Programmen und einem Innovationszentrum, das sie selbst verantwortet. Insofern sah sie die Expo in Dubai als Chance, das Thema der 100 Millionen Jugendarbeitslosen auf eine völlig neue Art und Weise mit dem Ziel anzugehen, »100 Million Stars« – Sterne – zu schaffen.

In der Folge erarbeiteten wir zusammen ein Konzept für eine »Universität der Zukunft«, die junge Menschen zunächst für die Zeit der Weltausstellung aus verschiedenen Ländern zusammenbringen sollte, vor Ort oder virtuell. Mittels eines ausgefeilten Curriculums sollten die Studierenden sich an den großen Problemen der Region orientieren und mehr über nachhaltige Zukunftstechnologien erfahren. Und wir gingen ans Pilotieren. Unsere Studierenden nannten wir »Pathfinder« und luden Unternehmen ein, gemeinsam an den konkreten Herausforderungen zu arbeiten. So entstand ein Netzwerk aus Praktiker:innen und Expert:innen. Nihel überzeugte zudem ihre Universität, sie finanziell zu unterstützen. Sie organisierte weiteres Geld und weitere Mitstreiter:innen.

Die Expo läuft bis zum 31. März 2022, bis dahin wird dieses Buch erschienen sein, dennoch weiß Nihel schon heute, dass ihre Universität sie wahrscheinlich nicht über die Weltausstellung hinaus unterstützen wird. Für die Universität ist die Expo nur ein temporäres Projekt. Definierter Anfang, definiertes Ende. Ein harter Entschluss – aber nicht das Aus. Für Nihel ist es zur Lebensaufgabe geworden. Ihr war von Anfang an klar, dass der Weg steinig

Denke die
Institutionen
der Alten Welt neu.

Vielleicht bist du es,
der bald
einen nächsten
Standard definiert.

und lang werden wird, doch sie fühlt sich mit ihrer Vision, ihrem Willen, alte Strukturen aufzubrechen, Alternativen aufzuzeigen, nicht alleine.

Über die Jahre hinweg habe ich viele Menschen kennengelernt, die nicht nur neue Produkte und Dienstleistungen entwickeln und auf den Markt bringen. Sondern den Mut haben und sich die Freiheit nehmen, alle Aspekte unserer Gesellschaft auf den Prüfstand zu stellen und ganze Institutionen neu zu denken. Neben Nihel Chabrak kommen mir für den Bildungsbereich auch John und Cynthia Hardy in den Sinn, die mit ihren inzwischen vier *Green Schools* Kindern lehren, (wieder) im Einklang mit der Natur zu leben. Oder Sam und Myra Ross, die mit *Green Chimneys* der modernen tiergestützten Therapie für Kinder über viele Jahrzehnte hinweg den Weg ebneten. Oder Ben Nelson, Gründer der *Minerva-Universität*, der seine Studierenden alle vier Monate in eine andere Stadt, ein anderes Land schickt, weil effektive Interaktion und interdisziplinäres Arbeiten immer wichtiger werden. Und auch die von Katherin Kirschenmann, Rouven Steinfeld und mir gegründete *DO School*, die Menschen befähigt, unternehmerisch und innovativ zu handeln.

Viele bewegen sich zwischen verschiedenen Themenfeldern und nehmen Gelerntes in einen neuen Sektor mit. So hat sich zum Beispiel Hannes Klöpper mit einer Plattform für Massive Open Online Courses (MOOCs) zuerst dafür engagiert, auch Nichtstudierenden den Zugang zu Kursen von Agrar- bis Wirtschaftswissenschaften zu ermöglichen. Inzwischen macht er sich für die Digitalisierung des Gesundheitswesens stark und bietet mit seiner E-Health-Plattform *Hello Better* psychologische Online-Trainings für Menschen an, die unter Stress, Depression oder Schlafstörungen leiden – gerade die vergangenen Jahre haben gezeigt, wie wichtig niedrigschwellige Hilfen angesichts eines überlasteten Gesundheitssystems sind.

Ein noch mal ganz anderes Feld bearbeitet die Internetaktivistin, mit der ich mich erst kürzlich auf einen Spaziergang in Spanien getroffen habe – mit Blockchain will sie eine Art Weltbürger:innenschaft kreieren, Menschen sollen dann nicht mehr auf den Pass eines bestimmten Landes angewiesen sein, um sich ausweisen zu können. Eine globale Identität anstatt eines blauen Papierausweises für Staatenlose.

Noch wirken diese alternativen Institutionen wie ein kreativer Flickenteppich. Aber er wird von Jahr zu Jahr größer, und die Flicken wachsen allmählich zusammen. Berühren sich, ergänzen sich, verstärken sich – und bilden dadurch die Basis dafür, dass sich Institutionen, die viele von uns fast schon als gegeben hinnehmen, massiv verändern oder sogar durch neue ersetzt werden. Die Bedeutung dieser »Institution Builder« ist nicht mehr zu unterschätzen, denn sie haben einen Einfluss darauf, wo in der Neuen Welt Wert entsteht. Nicht an denselben Orten wie in der Alten Welt. Sondern, wie mir mein nächster Trip zeigt, fairer und gleichmäßiger über den Globus verteilt.

Vielleicht denkst du jetzt, wie mühsam es ist, diese dicken Bretter zu bohren. In einer Welt, in der Bürokratie und verkrustete Strukturen eine Grundallergie gegen das Neue und Innovative haben. Mag sein, aber es ist eben auch Teil des Umbaus der Welt. Für die vielen Erneuer:innen steht alles auf dem Prüfstand.

DIE NEUE WELT …

ÄNDERT DIE RICHTUNG

ICH BIN WIEDER ZURÜCK IN BERLIN. Viele Arbeitstreffen in der Corona-Pandemie finden als Spaziergang statt. Egal, ob die Sonne scheint, der Wind weht oder Regen vom Himmel fällt. Mit Christian laufe ich diesmal durch den Tiergarten, dem grünen Herzen Berlins. Christian ist Berater und erzählt mir von seinen Projekten, bei denen er Jobs von Europa nach Asien verschiebt. Tausende Jobs. Oft nach Indien. Diese Verwerfungen haben für viele Jahre unseren Diskurs in der Alten Welt bestimmt. In Europa genauso wie in den USA, besonders unter Donald Trump und seiner »America First«-Parole. Diskussionen über Jobs, die in Billiglohnländer outgesourct werden und nie wieder zurückkommen. Verbunden mit der Sorge, welche Jobs für die Menschen künftig überhaupt noch infrage kommen, wie wir sie bei drohendem Arbeitsplatzverlust auffangen und wie weiterbilden können. Gleichzeitig fragt man sich natürlich auch: Unter welchen Bedingungen müssen die Menschen in Schwellen- und Billiglohnländern künftig arbeiten und welche Standards wird man überhaupt einhalten können?

Mir fällt Frederic Jameson ein. »Noch nie von ihm gehört«, sagt Christian, während die Sonne einzelne Strahlen durch die dicken Wolken über dem goldenen Friedensengel schickt. Der US-amerikanische Professor an der Duke University in North Carolina ist Postmodernist. Während meines Semesters bei ihm sprach er häufiger darüber, wie sich Macht, Profit und Entscheidungsgewalt in den wirtschaftlichen Zentren unserer Welt bündeln – und je mehr man sich von diesen Zentren in Richtung Peripherie entfernt, desto schlechter werden die Jobs, die Honorare und die Chancen. Noch immer ist an dieser Betrachtungsweise etwas dran – und vor allem wir Europäer:innen und Nordamerikaner:innen schauen mit diesem zentralistischen Blick in Richtung Südostasien oder Afrika. Dabei verändert sich in der Neuen Welt gerade etwas Fundamentales. Denn die Chancen auf gut bezahlte Jobs beschränken sich nicht mehr auf bestimmte Orte oder Länder.

Als ich zurück in unserem Büro bin, habe ich Peter Ayeni auf Rückruf. Als ich ihn nach mehrmaligen Versuchen erreiche, ist er gerade auf dem Weg von Abuja raus aufs Land, um die Schwiegereltern zu besuchen. Wir können beide nicht sagen, warum die Verbindung ruckelt. Nigeria ist inzwischen so gut vernetzt, dass es wahrscheinlicher an mir in Berlin-Mitte liegen könnte. Ich will wissen, wie es um seine Organisation *Mbele* steht, denn Peter und seine Mitstreiter:innen helfen gerade mit, die Richtung des globalen Jobkarussells zu verändern.

» Die Zukunft passiert uns nicht. Wir erschaffen sie. Um ein Afrika zu kreieren, in dem Zugang zu Bildung für alle möglich ist und es keine extreme Armut mehr gibt, müssen wir jetzt handeln. Technologie gibt uns die Chance hierfür und lässt uns global gleichberechtigt mitspielen.

PETER AYENI

Peters Weg war nicht einfach. Er wuchs in der Grenzregion Idiroko zwischen Nigeria und Benin auf. Er war noch klein, seine Mutter alleinerziehend, da musste er den tödlichen Autounfall seiner beiden älteren Brüder verkraften. Eine Tragödie. Die Mutter verlor ihren Job, und Peter musste für längere Zeit mit einer Schulmahlzeit pro Tag auskommen. In der Schule lernte er einen älteren Jungen kennen, der sich für Technologie interessierte und ihn mit seiner Begeisterung ansteckte. Peter war gut in der Schule und brachte sich selbst das Programmieren bei. Anfang der 2000er-Jahre konnte man in Nigeria, so Peter, zwar Computerwissenschaften studieren, aber nicht Programmieren lernen. Und so ergatterte er aufgrund seines ausgezeichneten Knowhows bald richtig gute Jobs. Erst in Nigeria, später auch im Ausland. Heute pendelt Peter zusammen mit seiner Familie zwischen Lagos und London hin und her.

Recht schnell bemerkte er allerdings, wie wenige seiner Landsleute Zugang zu Bildung, geschweige denn zum nationalen oder gar internationalen Arbeitsmarkt haben – und machte sich Gedanken, wie er andere junge Menschen zum Programmieren bringen könnte. Wie begeistern, wie ausbilden, wie fördern? Die Antwort, die inzwischen nicht mehr nur Peter parat hat, sondern eine ganze Reihe an Unternehmer:innen und Innovator:innen, heißt »Pay it forward«. Sprich: Du wirst von uns ausgebildet und bekommst danach garantiert einen Job. Mit dem Gehalt kannst du die Kosten für die Ausbildung zurückzahlen. Für viele Länder ist das Modell ein echter Game Changer. Menschen erhalten nicht nur Zugang zu Bildung und Arbeitsmarkt, sondern sie betreten auch von Nairobi, Kampala oder Kigali aus die großen Bühnen des globalen Wettbewerbs. Der *war for talents* kennt keine Grenzen mehr. Man kann sich von jedem Ort der Welt einklinken. Das ist definitiv neu.

Welches Potenzial in »Pay it forward« übrigens gesehen wird, lässt sich an den Investor:innen erkennen, die seit einigen Jahren auf den Zug aufspringen. Andela beispielsweise ist eine nigerianische Firma mit Sitz in Lagos, die junge Menschen zu Softwareentwickler:innen ausbildet. Sechs Monate verbringen

Chancen
verteilen sich
stärker über
den Globus.

Nutze sie und
entscheide mit,
was
Globalisierung in
Zukunft bedeutet.

die Studierenden gegen Bezahlung in einem Coding-Bootcamp und werden danach an Firmen auf der ganzen Welt vermittelt (gearbeitet wird remote). Der Bedarf ist enorm. »Auf jeden Softwareentwickler kommen allein in den USA derzeit vier freie Stellen«, erzählte Jeremy Johnson bei der Gründung seines Startups im Jahr 2014. Nach einem fulminanten Start – auf die ersten 28 Plätze bewarben sich mehr als 5000 junge Afrikaner:innen – gehört Andela heute zu den Unicorns des Kontinents mit einer Bewertung von 1,5 Milliarden Dollar. Unter den Investoren: Generation Investment Management, SoftBank, Spark Capital, Google Ventures und die Chan Zuckerberg Initiative.

Der Boom von Trainings- und Vermittlungsplattformen verläuft allerdings nicht ohne Kritik. Die Frage, wie viel die Plattformen ihren Softwareentwickler:innen bezahlen, taucht genauso auf wie die Frage, was passiert, wenn die Weltwirtschaft nicht immer weitere junge Entwickler:innen braucht. Nichtsdestotrotz haben Andela und ähnliche Organisationen geschafft, was Regierungen und Hilfsorganisationen jahrzehntelang nicht erreicht haben: Auf einmal haben Talente aus strukturschwächeren Ländern ähnliche Chancen wie Talente aus dem reichen Westen, sie sind ihnen ebenbürtig. Seit ich Peter kenne, denke ich immer wieder darüber nach, wie man »Pay it forward« auf andere Branchen übertragen könnte – auch um hierzulande neue Zugänge zum Arbeitsmarkt zu schaffen.

Bei Peter erhalten die Softwareentwickler:innen zum Beginn ihres Ausbildungsprogramms eine Jobsicherheit als Lehrer, damit sie dann ihren Schüler:innen die Grundlagen des Programmierens beibringen können. Zudem hat Peter inzwischen mit *Mbele* eine große Community aus Tech-Interessierten geschaffen, die die Probleme Afrikas angehen wollen.

Unser Telefonat neigt sich dem Ende zu. Erst jetzt merke ich, dass ich das ganze Gespräch über gelächelt habe. Gelächelt über diese Kraft, aus Problemen Lösungen schaffen und auf schwierige Fragen einfache Antworten finden zu wollen. Ein Telefonat mit Peter ist wie ein Jungbrunnen. Für ihn ist Technologie ein Türöffner, ein Gleichmacher, ein Chancengeber. Auch wenn er natürlich sieht, dass kein einziger Skill jemals ausreichen wird, um die Zukunft zu sichern. Nicht einmal Coden. Dafür verändert sich einfach vieles viel zu schnell. Um einen nachhaltigen Wandel anzustoßen und die Neue Welt auf ein festes Fundament zu stellen, braucht es einen Perspektivwechsel und die Bereitschaft, zu experimentieren, Grenzen zu überschreiten, mutig zu sein.

Vielleicht denkst du jetzt, dass wir in Europa viel zu behäbig und satt sind, um solche fundamentalen Änderungen anzustoßen. Und immer noch nicht realisieren, wie viel wir von neuen Entwicklungen in Ländern der Südhalbkugel lernen können. Wie der bürokratische Unwillen, Dinge mal anders zu versuchen, so manche Idee im Keim zu ersticken droht. Dabei ist die Neue Welt auch bei uns voller Chancen. Lass dich nicht abhalten. Unter dem Pflaster liegt der Strand – keine Sorge.

DIE NEUE WELT ...

SPIELT

ORTSWECHSEL. Alte Heimat New York. Eine Umgebung, die man sich kaum erträumen kann. Fünf weibliche Figuren, nackt, zwei davon mit einer Maske vor dem Gesicht. Zusammen mit einer Freundin stehe ich im New Yorker MOMA vor Picassos »Les Demoiselles d'Avignon« und spreche mit ihr über die Bilder ringsum. Es ist kein gewöhnlicher Museumsbesuch. Normalerweise drängen sich hier jeden Tag Tausende von Besuchern durch die Gänge, heute sind wir zwei allein im Raum. Es ist neun Uhr abends und Rockmusik dringt gedämpft zu uns herüber. Eigentlich hatte uns der britische Unternehmer Richard Branson eingeladen, um hier im kleinen Rahmen über den Klimawandel und die Sustainable Development Goals der Vereinten Nationen zu sprechen. Doch statt einer Diskussionsrunde gibt es Party. Mittendrin halten Branson und einige Mitstreiter:innen zwar kurze Reden, vielleicht 20 Minuten lang, ansonsten schlendern die Gäste durchs Museum, unterhalten sich, mal in vertrauter Runde, mal mit Menschen, die ihnen mehr oder weniger zufällig über den Weg laufen. Wer Bransons Vita und seinen geschärften Sinn für Marketing kennt, kann so einen Abend schnell zynisch kommentieren – der Selfmade-Milliardär als Gestalter der neuen, nachhaltigen Welt? Ein Mensch, bei dem man den Eindruck gewinnen kann, er will vor allem eins: Spaß und Spiel. Ich hatte einen tollen Abend. Nicht obwohl, sondern genau deswegen.

Über Spaß und Spiel zu sprechen oder zu schreiben, scheint nach wie vor eine seltsame Sache zu sein. Menschen, die mit einer gewissen Leichtigkeit durchs Leben gehen, Dinge spielerisch angehen und sich für das (eigene) Leben begeistern, ziehen uns in ihren Bann. Und wer sich mit Innovationsprozessen beschäftigt, weiß, dass Spielen darin einen wichtigen Part einnimmt. Dennoch wirkt das Thema schnell trivial und wir schieben es im

Berufsleben gerne beiseite. Erst Katie Salen Tekinbaş hat meine Perspektive diesbezüglich gedreht und ich bin ihr ziemlich dankbar dafür.

> » Freude und Humor sind der schnellste Weg zu Vertrauen und Respekt. Sie schaffen das Gefühl von Sicherheit und helfen, eine Beziehung zueinander aufzubauen.
>
> JEAN OELWANG

Katie lebt ebenfalls in New York – ich habe sie kennengelernt, als sie uns vor ein paar Jahren für einen Vortrag auf unserem Campus im Stadtteil Dumbo, die Abkürzung für das Viertel Down Under the Manhattan Bridge Overpass, besuchte. Sie erzählte von ihrem *Institute of Play*, das sie bereits 2007 gegründet hatte. Und je länger ich ihr zuhörte, desto klarer wurde mir, wie eng Spielen, Lernen und Erfolg miteinander verwoben sind – und wie wichtig diese Erkenntnis in der Neuen Welt ist. Im Rahmen von mehr als hundert Projekten hat Katie mit Bildungseinrichtungen, Forschungsinstituten und Unternehmen zusammengearbeitet. Studienergebnisse und Spiele herausgegeben, Schulungen und Workshops geleitet, sogar Schulen entworfen (die öffentliche Mittel- und Oberschule *Quest to Learn* ist Thema zahlreicher Bücher und Artikel zum Thema interdisziplinäres, erfahrungsorientiertes Lernen).

Auch für Branson ist Spielen weit mehr als nur ein hedonistischer Zeitvertreib. Wichtige Meetings folgen einer klaren Struktur – die erste Hälfte des Tages wird gearbeitet, die zweite Hälfte gespielt.

Man treibt Sport, macht einen Ausflug, verbringt Zeit miteinander, begegnet sich auf einer anderen Ebene und lässt sich noch mal anders aufeinander ein. Dadurch erhöht Branson nicht nur die Freude, die Begeisterung, das Zusammengehörigkeitsgefühl seiner Mitarbeitenden. Er bringt auch sein Unternehmen voran – denn die besten Ideen kommen nicht am Vormittag, sondern am Nachmittag.

Für die Stanford Graduate School of Business haben Branson und seine enge Mitarbeitende Jean Oelwang den Artikel »Play, where the real work happens: Virgin United« verfasst. Darin kann man nachlesen, welche Bedeutung Spaß und Spiel für den Unternehmenserfolg haben. Zentraler Punkt: Spielen bietet einen geschützten Rahmen für den Aufbau stabiler Beziehungen – die wiederum helfen, ohne Angst sowie im gegenseitigen Respekt und Vertrauen mutige, unkonventionelle Ideen zu entwickeln.

Wie sehr die beiden recht haben, konnte ich zuletzt erst wieder beobachten, als ich online zu einer Abschlussveranstaltung unseres *DO*-Campus in Hongkong eingeladen war. 40 Wissenschaftler:innen, Architekt:innen, Unternehmer:innen und Expert:innen gingen ein ganzes Wochenende lang der Frage nach, wie sie einen Park im dicht besiedelten Stadtzentrum ansprechender gestalten könnten – sodass dort, gerade in Pandemie-Zeiten, Menschen einen Ausgleich finden können, mit ruhigen Ecken zum Entspannen und Arbeiten. Als ich mich in den Videostream einwählte, sah ich zuerst nur ein wildes Durcheinander lachender Gesichter. Dann – ebenfalls von überbordender Laune begleitet – begannen die Konzeptpräsentationen, nicht mit Vorträgen oder PowerPoints, sondern mit Modellen aus bunten Legosteinen (das dänische Unternehmen ist nur

Trau
dich
ins
Risiko.

Und
verändere
das
Spiel.

einer von mehreren Spielzeugherstellern, die inzwischen Workshops und Prozesse anbieten, um mithilfe ihrer Steine, Bretter und Figuren Geschäftsprobleme zu lösen).

Spieleforscher:innen aus aller Welt geben uns die Hoffnung, den Wert und die Bedeutung von Spielen immer mehr Menschen nahezubringen. Zum Beispiel Mitchel Resnick, Gründer der MIT-Forschungsgruppe »Lifelong Kindergarten Group«, der erst letztes Jahr für sein Lebenswerk ausgezeichnet wurde. In seinem Buch *Lifelong Kindergarten: Cultivating Creativity through Projects, Passion, Peers, and Play,* schreibt er, dass Spielen nach wie vor falsch verstanden wird. Sicher: Beim Spielen geht es um Spaß, Lachen, zusammen eine gute Zeit haben. Es geht aber auch, das bestätigen auch Branson und Oelwang, um Vertrauen aufbauen und gegenseitigen Respekt. Von zentraler Bedeutung ist es allerdings, dass Menschen im Spiel eher bereit sind, zu experimentieren, Risiken einzugehen, Grenzen zu überschreiten, mutig zu sein, Dinge noch mal aus einer neuen Perspektive zu betrachten.

Noch stecken viele von uns in der Alten Welt fest. Ich kenne das aus dem Effeff. Erst kürzlich war ich als Gast zu einer Vorstandssitzung einer Firma geladen. Zum Auftakt erzählte man mir stolz, dass alle 20 Minuten ein neues Thema abgehandelt werden würde. So war es dann auch. Ein Rennen wie zwischen Hase und Igel. Durchgetaktet von morgens bis spätabends saß der Vorstand zusammen und wirkte am Ende vor allem verausgabt. Viel zu viel, viel zu schnell, viel zu oberflächlich. Vermutlich ist keine:r von uns wirklich davor gefeit, in alte Routinen zu rutschen. Und packt, wenn endlich mal Zeit ist, im Kernteam die nächsten Schritte zu besprechen, viel zu viel auf die Agenda, nach dem Motto: Heute treffen wir wirklich ernsthafte Entscheidungen!

Und doch spüre ich auch hier einen tiefer gehenden Wandel: Denn in der Neuen Welt verstehen mehr und mehr Menschen, wie wichtig Spielen auch im Erwachsenenalter ist. Und sind bereit, sich wieder mehr darauf einzulassen. Aber nicht alibimäßig einmal im Jahr vor einer schicken Design-Thinking-Wand irgendwo im Bürotower, darüber ein Banner mit der Aufschrift »Innovation Lab«. Sondern jeden Tag aufs Neue. Ganz und gar. Aus einer inneren Haltung heraus. Ohne Scheu und Scham. Auch weil wir verstanden haben, dass die Lehren aus Managementbüchern doch nicht der Weisheit letzter Schluss sind: Alles, was zähle, seien mehr Leistung und Bessersein als das Gegenüber. Oder wie Angela Gallenz, Personalverantwortliche bei einem großen Modekonzern, sagt: »Heute geht es um Kollaboration, nicht um Wettbewerb – die Zahl der Menschen, die das kapiert haben, wird größer.«

Vielleicht denkst du jetzt, dass du Chef:innen in der Art Branson noch nie erlebt hast. Aber auch diesbezüglich gilt: Die Neue Welt gibt es nicht auf Knopfdruck. Doch wenn dir die Leichtigkeit in deiner Firma fehlt, schaue dich nach Organisationen um, die dir diesen Rahmen bieten. Es werden immer mehr. Mit Menschen, die bereit sind, sich immer wieder selbst infrage zu stellen. Eine Eigenschaft übrigens, die mit Spaß am Spielen einhergeht und mindestens genauso wichtig ist, wie mir eine junge Frau aus Kampala gezeigt hat. Komm mit und lerne sie kennen.

DIE NEUE WELT …

HAT EINEN BEGINNER'S MINDSET

KURZE VERSCHNAUFPAUSE, bevor es wieder losgeht. Der Vormittag bei einem Automobilhersteller war anstrengender als gedacht. Einer der Vorstände hatte mich eingeladen, um mit seinen Manager:innen über die Zukunft des Unternehmens zu diskutieren: Wie müssen wir agieren, um eine grüne, datengetriebene Mobilität Wirklichkeit werden zu lassen? Alle Beteiligten waren der festen Überzeugung, dass Veränderungen dringend notwendig seien. Um die richtigen Mitarbeitenden an Bord zu bekommen, die Firma neu auszurichten, schneller zu werden. In der Vorarbeit hatte ich zusammen mit meinem Team bereits einige neue Ansätze formuliert.

Doch im Gespräch wurde schnell klar, dass der Tenor bei jedem einzelnen Vorschlag lauten würde: Das haben wir bereits versucht, es hat nicht geklappt. Oder: Das wird bei uns nie funktionieren. Oder: Klingt gut, aber dafür werden Sie bei uns nie eine Mehrheit finden. Die Welt der Möglichkeiten wurde gefühlt immer kleiner, bis wir gegen zwölf Uhr an dem Punkt angelangt waren, zu sagen: Sehen wir's doch ein, unsere einzige Chance, die wir haben, ist, genauso weiterzumachen wie bisher. Der Zustand ist unbefriedigend, aber nun gut. Die Gruppe löste sich auf. Zeit für Mittagessen und tief Luft holen. In der Kantine angekommen trafen die Topmanager:innen jedoch auf eine Gruppe von Menschen, die sie nicht erwartet hatten: junge Unternehmer:innen aus der ganzen Welt. Bereits Wochen vor dem Treffen hatten wir in unserem Netzwerk einen Aufruf gestartet: Wer hat Lust, die Zukunft der Mobilität mitzugestalten? Uns erreichten Bewerbungen von Menschen aus über 80 Ländern und wir konnten eine sehr diverse Gruppe nach Deutschland holen.

Nach einer kurzen Verschnaufpause nehme ich am großen Tisch Platz, links neben mir sitzt der Vorstand, der mich eingeladen und ebenfalls jede Idee als nicht umsetzbar abgetan hatte, rechts eine junge Frau Anfang 30 aus Uganda. Das Essen wird serviert, Mahlzeit gewünscht, Worte gewechselt. Höflich bindet der Manager die junge Frau ins Gespräch ein und fragt, was sie so in ihrem Leben mache. Und Rosebill Odora fängt an, zu erzählen: Dass sie aus Kampala komme, vor ein paar Jahren mit 20 Dollar ein nachhaltiges Solar-Start-up ins Leben gerufen habe und inzwischen schon ein paar Freund:innen beschäftigen könne. Dass sie es liebe, sich mit Autos und Mobilität zu beschäftigen und unbedingt verstehen möchte, wie so eine große Firma funktioniere. Dass

» Ich bin immer neugierig. Auch wenn man glaubt, dass nichts mehr geht, einem die Hände gebunden sind, findet sich ein Weg. Man muss nur offenbleiben.

ROSEBILL ODORA

ihre Schwester vor einigen Jahren verstorben sei und sie sich nun um ihre Nichten und Neffen kümmere. Mit der Zusage für diese Veranstaltung sei für sie ein Traum in Erfüllung gegangen. Sie habe zuvor für die Familie Essen für zehn Tage organisiert, auch jemanden, der sich um die Kinder kümmere, und schließlich sei sie mit dem Glücksgefühl angereist, hier und jetzt dabei zu sein, Zukunft zu gestalten. All die Sätze verbinden sich gefühlt zu einem großen Satz. Ohne Punkt, ohne Komma. Dann lächelt Rosebill, der Manager lächelt zurück und spricht während des Mittagessens kaum noch ein Wort.

Als wir die beiden Gruppen zurück in den Meeting-Raum bringen, verändert sich die Stimmung schlagartig. Keine:r der Manager:innen, hauptsächlich Männer, traut sich mehr zu sagen: Das hatten wir schon, das hat nicht geklappt, das wird nie funktionieren. Gemeinsam mit den jungen Unternehmer:innen diskutieren sie neue Ideen, beantworten Fragen und sprechen auch über die Start-ups der Gäste. Bewegung kommt in die Sache, weil sich die erfahrenen Manager:innen noch einmal in ihren Beruf mit all seinen (neuen) Herausforderungen »verlieben«. Und am Ende der Woche stehen Pläne fest – die das Unternehmen, wie ich heute weiß, tatsächlich umgesetzt hat.

»Shoshin« ist ein Begriff aus dem Zen-Buddhismus und bedeutet Beginner's Mindset. Diese Art, zu denken, will dazu einladen, Themen offen anzugehen, Dinge so zu betrachten, als sähe man sie zum ersten Mal. Mit Neugier und Freude. Ohne Erwartungen und (Vor-)Urteile. Vor allem, wenn es um Dinge geht, mit denen man sich schon lange beschäftigt und sich besonders gut auskennt. Die Gruppe der Manager:innen hat gezeigt, wie schwierig es ist, das eigene Wissen, die eigene Erfahrung zurückzustellen, um neue Ideen auf ihre Zukunftsfähigkeit hin zu überprüfen. Oder wie der Zen-Lehrer Shunryu Suzuki in seinem Buch *Zen Mind, Beginner's Mind* schreibt: »Der Anfängergeist hat viele Möglichkeiten, der des Experten nur wenige.«

In Zeiten, in denen sich so vieles verändert, sind wir alle mehr und mehr gefordert, mit neuen Augen auf bekannte Herausforderungen zu blicken. Sich vom Expert:innentum zu befreien, das sich zu oft in Details verliert. Und stattdessen mit den Augen eines neugierigen Kindes die grundlegenden Zusammenhänge zu erforschen, immer mit der entscheidenden Frage im Kopf: Warum? Warum machen wir es so und nicht anders?

Verliebe dich neu
in das,
was du tust.

Betrachte es wie
beim ersten Mal.

Welche
Möglichkeiten!
Welche Chancen!

Rückblickend betrachtet lag es nicht daran, wie brillant die Gruppe junger Unternehmer:innen war, wie clever ihre Ideen. Es lag an ihrer Haltung. Sie alle kamen aus einer grundlegenden Überzeugung heraus nach Deutschland und wollten Spaß haben. Ihnen ging es nicht (primär) um Erfolg oder Karriere. Sie fanden die Herausforderung inspirierend, wollten gemeinsam etwas bewegen und abends gemeinsam feiern gehen. Die Authentizität, mit der die jungen Unternehmer:innen begeistert von den Risiken, vor allem aber von allen Chancen erzählten, die sie um sich herum erblickten, prallte auf die Abgeklärtheit der erfahrenen Manager:innen. Und konfrontierten sie mit der Frage, ob sie es sich manchmal nicht vielleicht doch zu einfach machen würden. Indem sie vor der Mauer einfach stehen bleiben. Anstatt sie zu erklimmen und Ausschau zu halten auf die Neue Welt, in der es drunter und drüber zu gehen scheint – was aber genau den besonderen Reiz ausmacht.

Vielleicht denkst du jetzt darüber nach, ob man nicht Rosebill und ihre Kolleg:innen als ständige Motivationsgruppe durch deutsche Chefetagen schicken könnte. Oder wie die Liebe zur Arbeit wieder zur entscheidenden Sinnstiftungskategorie in deiner Firma oder Organisation wird, ohne dass man belächelt wird. Aber glaube mir, es gibt mehr Gleichgesinnte, als du es dir jetzt vorstellen kannst. Auch wenn die Hürden groß sind. Ich reise zu Shubangi, die völlig unbeeindruckt von den Hindernissen einfach losgelegt hat.

DIE NEUE WELT …

ZELEBRIERT KOMPLEXITÄT

ES IST SPÄTVORMITTAG und ich stehe mitten in Mumbai an einer der großen Kreuzungen. Besser gesagt: in der Mitte der Kreuzung auf einem begrünten Rondell mit Hunderten von Autos, Mopeds, Rikschas um mich herum. Der Lärm ist ohrenbetäubend. Neben mir steht Shubangi Swarup. Sie ist Anfang 30, Autorin, Gründerin verschiedener Initiativen – und zusammen mit Freund:innen hatte sie eine geniale Idee. In Indien leben Millionen Kinder auf der Straße. Niemand weiß genau, wie viele. Hilfsorganisationen schätzten die Zahl zuletzt auf 18 bis 20 Millionen. Zwar läuft seit Jahren die Diskussion, wie man die Straßenkinder dazu bringen könnte, zur Schule zu gehen. Doch der Erfolg geht gegen null. Den Tag in der Schule zu verbringen, bedeutet für die Kinder, abends nichts zum Essen zu haben, weil sie ihre Familie nicht unterstützen können.

Deshalb hat Shubangi die Frage einfach umgedreht: Wenn Straßenkinder nicht in die Schule gehen, wie kann die Schule dann zu ihnen kommen? Und so stehen wir auf dem kleinen runden Rasen in einem Meer von Autos, bis auf einmal, wie aus dem Nichts, Kinder auftauchen. Um Punkt elf sind es um die 40 Mädchen und Jungs, alle zwischen sieben und zwölf Jahre alt, fröhlich und frisch frisiert, wie Kinder eben, die sich auf den Unterricht freuen. Heute auf dem Programm: Mathematik und Sport. Aus der Verkehrsinsel wird ein Klassenzimmer. Bevor es losgeht, wird eine kleine Yogapraxis eingeschoben und wir meditieren in einem großen Kreis im Schneidersitz. Ich kann wie immer nur schwer stillhalten. Heimlich öffne ich die Augen und beobachte die vielen entspannten Gesichter. An dem kleinen Jungen neben mir bleibt mein Blick hängen, der genau wie ich zappelt und die Augen offen hat. Verstohlen zwinkern wir uns zu und schließen schnell wieder die Augen, bevor uns jemand bemerkt.

Die Kinder haben eine riesige Freude. Beim Fangenspielen genauso wie beim Rechnen. Der Lärm, die Kreuzung und die Autos wirken plötzlich ganz weit weg. Gegen Ende der Stunde bittet Shubangi mich, ein bisschen von meinem Leben und meiner Arbeit zu erzählen – und die mitgebrachte Schokolade zu verteilen. Danach kommt der kleine Junge aus dem Meditationskreis auf mich zu, vielleicht neun Jahre alt. Er hat sich gemerkt, dass ich in der Schweiz gelebt habe, und will wissen, wie es dort so sei, vor allem mit dem Schnee. Ich erzähle ihm von den Bergen, doch irgendwie scheint seine Aufmerksamkeit nachzulassen. Mit Armen und Beinen versuche ich, die Größe der Berge zu verdeutlichen, wie Schnee fällt, wie er sich anfühlt. Bis der Junge mich am Ärmel zupft und fragt: »Fährst du Ski oder Snowboard, und wenn Snowboard – vielleicht ein Raceboard?« Shubangi fängt hinter vorgehaltener Hand zu lachen an. Ich stammle übers Skifahren und merke, wie mich der kleine Junge angrinst. Als die Stunde um ist, verabschieden sich die Kinder, und so schnell sie aufgetaucht sind, sind sie wieder verschwunden. Zurück auf der Straße, zurück in ihren Vierteln, bei ihren Eltern, bei ihrer Arbeit.

Ich weiß nicht, was aus dem kleinen Jungen geworden ist. Aber ich denke immer wieder an ihn, weil er mich an drei Dinge erinnert: Welche Chancen das Internet mit sich bringt, wie oft Vorurteile meinen Blick auf die Welt verstellen und dass Problemlösungen, die anfangs so naheliegend und so sinnvoll erscheinen, der Komplexität oft nicht gerecht werden.

Einige Jahre zuvor saß ich in Montauk an der amerikanischen Ostküste in einem wunderschönen Strandhotel, das hauptsächlich von Künstler:innen frequentiert wird. Die Füße im Sand vergraben saß mir Blake Mycoskie, Gründer von *Toms Shoes*, gegenüber. Blakes Idee war genial und hieß »One for One«: Für jedes Paar Schuhe, das global verkauft wird, spendet die Firma ein Paar Schuhe an Bedürftige. Millionen von Schuhen gingen dadurch auf Reisen und Blake weitete das Modell – weltweit vielfach kopiert – auf weitere Produkte aus und schrieb den *New York Times*-Bestseller *Start Something That Matters*. Der Erfolg von *Toms Shoes* zeigte aber auch schnell seine Schattenseiten. Bei unserem Abendessen fragte ich Blake, wie er damit umgehe, dass gespendete Schuhe aus dem Ausland den Schuhmachern vor Ort und somit auch der lokalen Wirtschaft schaden würden (ganz abgesehen von der nicht so tollen Umweltbilanz)? Er reagierte verhalten, aber es wurde klar: Selbst sinnvolle Ideen bringen Schwierigkeiten mit sich, die sich erst mit der Zeit herausstellen. In der Medizin würde man sagen: Keine Wirkung ohne Nebenwirkung.

Doch zurück nach Mumbai: Auf dem Weg zurück zu Shubangis Haus, quer durch die Stadt und volle Gassen, vertiefen wir uns ins Gespräch. Sie erzählt, wie sie sich oft machtlos fühle. Das Gefühl hat, sie könnte (allein) nichts bewirken. Zu komplex, zu viele Sichtachsen, aus denen man ein Problem betrachten kann. Auch im Falle der Straßenkinder gibt es viel zu bedenken. Da sind die Kinder, die Eltern, die Schulen, die Stadtregierung, die Sozialhilfen oder zuletzt auch der Staat – ein dichtes Gewebe aus Gegebenheiten, Bedürfnissen, Zuständigkeiten und Erwartungen. Doch anstatt zu versuchen, jedem gerecht zu werden, erst alle Eventualitäten zu durchdenken, erst alle Risiken abzuwägen, erst alle Hürden zu überwinden, fängt sie lieber an. An einem konkreten Punkt.

Shubangi ist weltweit mit anderen jungen Macher:innen vernetzt. Die vielen kleinen Projekte zu sehen, motiviert sie, jedes widmet sich einer speziellen Frage unserer Zeit. Manchmal lösen sich die

Es ist
kompliziert?
Gehe trotzdem los!

Nichts anderes
bedeutet Machen.

Initiativen nach einem fulminanten Start wieder auf. Manchmal wachsen sie nach anfänglichen Schwierigkeiten über sich selbst hinaus und werden zu Institutionen. Ein Patentrezept gibt es nicht, auch keine Garantie, dass man die Herausforderungen wirklich meistern wird. Shubangi hat für sich entschieden: Nicht planen, sondern möglichst schnell ins Tun kommen. Es geht ihr darum, Wirkung zu entfalten. Möglichst heute, nicht morgen.

Vielleicht denkst du jetzt, wie blauäugig es sei, einfach loszulegen, ohne vorher einen Businessplan oder ein Strategiepapier geschrieben zu haben. Oder dass jede Idee erst in allen Facetten durchdacht werden müsste, bevor sie umgesetzt wird. Doch die Zeit der großen Pläne ist vorbei. Wir glauben viel zu sehr und immer noch, ein zukünftiges Ziel definieren und alle Schritte vorausschauend planen zu können. Unter radikaler Unsicherheit funktioniert dieses Modell allerdings nicht mehr. Deshalb leg los! Um dich herum gibt es bereits viele wundervolle Macher:innen.

DIE NEUE WELT …

LEBT HOFFNUNG

DIE HÜGELIGE KARGE LANDSCHAFT des indischen Wüstenstaats Rajasthan erscheint endlos und wird lediglich von kleinen Dörfern und historischen Stätten unterbrochen. Ich übernachte in einem alten Maharadscha-Palast mit wunderbaren Wandmalereien und diebischen Affen. Vor den mittelalterlichen Mauern, am Fuße des Palastes, stehen noch immer kleine Hütten von Handwerkerfamilien. Nicht unweit von der Hauptstadt Jaipur entfernt leben und arbeiten Nand Kishore Chaudhary und seine Tochter Kavita. Die beiden leiten *Jaipur Rugs*, 1978 im Wohnzimmer mit zwei Webstühlen gegründet, heute eine internationale Firma, die jährlich Hunderttausende Teppiche in die ganze Welt exportiert. Doch das ist nicht das eigentlich Außergewöhnliche an dem Unternehmen.

Indien ist noch immer einer der weltgrößten Teppichproduzenten. Gewebt werden die Teppiche hauptsächlich von Frauen, die unter dem indischen Existenzminimum leben und die Webstühle von Mittelsmännern mieten. Neben den Webstühlen liefern die Männer auch Garn, verkaufen die fertigen Teppiche und schöpfen die Gewinne ab. So war und ist es seit Generationen. Bevor NK Chaudhary seine Firma gründete, hörte er von Nachbar:innen, dass die Weber:innen zu der Kaste der Unberührbaren gehören und nicht ins eigene Haus eingeladen werden dürfen. Doch er scherte sich nicht darum und drehte das Geschäftsmodell einfach um: Er designte die Teppiche selbst, half den Weber:innen, sich eigene Webstühle zu kaufen, zahlte gerechtere Löhne und nutzte den Gewinn, um für sie Lese- und Rechenunterricht zu organisieren. Dazu Weiterbildung und Rechtshilfe, um sich mit neuesten Webtechniken vertraut zu machen und sich zur Not gegen die ausbeuterischen Mittelsmänner zur Wehr setzen zu können.

Über staubige Straßen fahre ich mit Kavita und ihrem Vater in ein kleines Dorf. 40 Lehmhütten vielleicht, ein paar größere Gebäude, wenige Bäume, wenig Schatten. Eine Weberin nimmt sich für mich Zeit und bringt mich zu ihrem Zuhause, vielleicht fünf Meter lang, sechs Meter breit und zwei Meter hoch. Davor, unter einem Vordach, steht ihr Webstuhl, in einer kleinen Kochnische dampft auf offenem Feuer karamellfarbener Chai. Zusammen mit ihrer Tochter zeigt sie mir ein paar einfache Handgriffe. Wir sprechen nicht dieselbe Sprache, dennoch gibt sie mir zu verstehen, dass sie seit Kindesalter am Webstuhl sitzt und sich für ihre Tochter eine andere Zukunft wünscht. Nach ein paar Stunden gehen wir zur Schule, die die Teppichfirma aufgebaut hat. Während die Tochter mit anderen Kindern spielt, lernt die Mutter dort rechnen, schreiben, verhandeln

» Es ist unsere Pflicht, Menschen zu unterstützen, die um ihr Leben fürchten. Der Lohn für unsere Hilfe ist die friedliche Gesellschaft, die wir uns alle erhoffen.

ANDREAS TÖLKE

Bis heute arbeitet Kavita und ihr Vater direkt mit den Frauen aus den Dörfern zusammen, sie stellen Webstühle zur Verfügung, unterstützen und bilden sie weiter. Inzwischen hat *Jaipur Rugs* auch eine Stiftung gegründet und ist landesweit ein Paradebeispiel, wie Armut bekämpft und Frauen Zugang zu Arbeitsmarkt und Bildung erhalten können.

In der Neuen Welt gibt es viele Beispiele, die Grund zur Hoffnung geben. Denn auch wenn Probleme noch so groß erscheinen, im Kleinen ist richtig viel möglich.

Ich denke an Andreas Tölke. Der Berliner war mir als Journalist bekannt, ein Mann, der durch die Welt jettet und für Hochglanzmagazine wie die *Vogue* oder den *Tatler* Geschichten über Architektur, Design und zeitgenössische Kunst schreibt. Doch als er im Fernsehen sah, wie in seiner völlig überforderten Stadt Tausende geflüchtete Menschen vor den Ämtern Schlange standen und verzweifelt nach einer Unterkunft suchten, rief er bei der Hilfsorganisation Moabit an und sagte: Ich will helfen. In den darauffolgenden Monaten und Jahren stellte er rund 400 Menschen ein Bett zur Verfügung, mal für eine Nacht, mal für eine Woche, damit sie sich in seiner Wohnung ausruhen konnten. Kraft tanken, Mut schöpfen. Orientierung finden. Tölke war nicht alleine mit seinem Engagement, etliche Menschen setzten sich damals ein. Organisierten Picknicks im Park, öffneten ihre Wohnungen für Get-togethers, begleiteten Geflüchtete zu Ärzten und Ämtern. Doch während sich viele recht bald wieder ihrem eigenen Leben widmeten, gründete Tölke den Verein *Be an Angel*, der Geflüchteten bei der Suche nach Schlafplätzen, Wohnungen, Deutschkursen und Rechtsberatung half. Und kurz darauf wurde das Restaurant *Kreuzberger Himmel* eröffnet – weil Integration in seinen Augen nur über Arbeit und Ausbildung funktioniere. Bis heute wird das Lokal von Menschen mit Fluchthintergrund betrieben und serviert in den Räumlichkeiten der katholischen Kirche am Mehringdamm syrische Speisen. Tölke geht es nicht nur um Geflüchtete, sondern generell um Menschen, die akut Hilfe brauchen – während der Corona-Lockdowns kochte seine Crew täglich Hunderte Mahlzeiten für hungrige Berliner:innen ohne festen Wohnsitz, allein im Februar 2021 mehr als 26 000.

Die Augen
aufzumachen
ist anstrengender,
als die Augen
zuzumachen.

Dafür erscheint
dir die Welt sofort
bunter.

Ortswechsel: Ein anderes Beispiel sind Ahma* und ihre NGO in Marokko. Ich habe sie zusammen mit meiner Familie in Marrakesch getroffen. Meine Tochter hatte Geburtstag, und neben Eselreiten und dem großen Souk stand ein Kochkurs auf dem Programm. Mit den Einnahmen ermöglicht Ahma jungen Frauen, die Gewalt erlebt haben, eine Ausbildung zur Köchin – inzwischen bildet die NGO auch für einige der besten Restaurants der Stadt aus. Heute erinnert sich meine Tochter vor allem an das offene Feuer und die langsam vor sich hin köchelnde Tajine. Meine Frau und ich erinnern uns an die lustigen Gespräche mit den Frauen, ein kreatives Kauderwelsch auf Französisch mit viel Mimik und Gestik.

Kavita, Andreas und Ahma wissen, dass sie die gesellschaftlichen Probleme von Armut, Flucht oder sexuellem Missbrauch nicht lösen können. Und doch strahlen alle drei dasselbe aus: eine Art aktive Ruhe, die ich mittlerweile in der Neuen Welt überall finden kann. Nicht warten. Sondern vorwärtsgehen. Wege finden. Innerhalb des eigenen Wirkungskreises. Ganz pragmatisch. Schritt für Schritt.

Vielleicht denkst du jetzt, dass die Komplexität der Welt stärker ist als jede Zuversicht. Schließlich potenziere sich das Elend der Welt jeden Tag aufs Neue. Vielleicht kann ich diesen Eindruck ändern. Denn es gibt einen weiteren Aspekt, der in der Neuen Welt zu beachten ist. Wer Teil von ihr werden will, findet auf diesem Weg mehr zu sich selbst. Deshalb habe ich mich auf den Weg gemacht. Zuerst nach Argentinien, dann nach England. Dort treffe ich eine bemerkenswerte Frau, die in den Turbulenzen der Transformation Richtung gibt.

DIE NEUE WELT …

FINDET ZU SICH SELBST

KLISCHEES KÖNNEN MITUNTER SCHÖN SEIN. Wie die Gauchos mit ihren Pferden in Argentinien. Nach dem Besuch einer Vorführung gehe ich mit Freunden in Buenos Aires noch etwas trinken. Eine Bar mit kolonialen Möbeln und vielen Büchern an den Wänden. Neben mir steht Michael Acton Smith und erzählt von seiner Mindfulness-App *Calm*. Wir beide sind nach Argentinien gekommen, um einem Treffen zum Thema »Leadership im 21. Jahrhundert« beizuwohnen, und wie solche Einladungen nebst Rahmenprogramm laufen, haben die Teilnehmer:innen abends Zeit, sich (noch) näher kennenzulernen. Smith spricht sehr eloquent über seinen Weg: vom gestressten Kreativen zum Yogi, der täglich meditiert. Und was dieser Wandel für sein Leben und sein Wohlbefinden bedeutet. Dann lacht er und erzählt, was für ein großartiges Business eine Meditations-App bedeutet. Analyst:innen sagen dem Markt für die kommenden Jahre eine goldene Zukunft mit Wachstumsraten von jährlich etwa 50 Prozent voraus.

Wir alle kennen das Bild, das gerne von der globalen Gesellschaft gezeichnet wird: Je stärker die Individualisierung voranschreitet, je mehr verfügbares Einkommen in den obersten Schichten zirkuliert, je heftiger Pandemien und soziale Ungerechtigkeiten grassieren, desto mehr wenden sich Menschen nach innen, auf die Suche nach neuen Wegen zu mehr Glück und wirklicher Zufriedenheit. Vor allem jüngere Menschen fokussieren mehr und mehr auf Yoga, Meditation und verschiedene Formen von Mindfulness-Training – nicht zuletzt, um Stress, Schlafstörungen und Ängste vor der Zukunft abzumildern. Kritiker sprechen bereits von den »Me Me Me Generations«. Davon, dass sich die X- und Y- und Z-Kohorten nur noch mit sich selbst beschäftigen. Doch wer die Suche nach Selbst(er)kenntnis mit Narzissmus gleichsetzt, springt zu kurz. Warum das so ist, kann Scilla Elworthy am besten erklären.

Scilla begleitet mich schon seit vielen Jahren. Wir waren zusammen in Asien, den USA und Europa unterwegs. Doch am schönsten ist es, sie in ihrem Haus in den hügeligen Cotswolds in England zu besuchen und mit ihr durch ihren wunderbaren Gemüsegarten zu streifen. Scilla lebt ein illustres Leben. Dreimal war sie für den Friedensnobelpreis nominiert, gilt seit Jahrzehnten als eine der wichtigsten Expert:innen für Konfliktlösung und Abrüstung. Sie gründete die Londoner Non-Profit-Organisation *Peace Direct* und beriet Desmond Tutu und Nelson Mandela bei der Gründung von *The Elders*, einem Zusammenschluss von ehemaligen Staatsmännern und -frauen. Heute unterrichtet sie, hält Vorträge und veröffentlicht Bücher wie zuletzt *The Business Plan for Peace. Building a World Without War*.

» Wir müssen die alten Werte entlarven, die unser Leben über Jahre und Jahrzehnte hinweg geprägt haben: Was war uns wichtig? Und sie nun durch neue Werte ersetzen, um die Herausforderungen des 21. Jahrhunderts zu meistern: Was ist uns wichtig?

SCILLA ELWORTHY

Wir beide kennen uns, seit wir gemeinsam für ein Projekt 20 der besten jungen Friedensaktivist:innen aus dem Nahen Osten, Afrika, Lateinamerika und Europa für ein Innovationsprojekt zusammenbringen wollten. Zum einen, um den Aktivist:innen zu helfen, ihre eigenen Projekte weiterzuentwickeln. Zum anderen, um uns darüber auszutauschen, wie erfolgreiche Krisenprävention besser publik gemacht werden kann. Uns fiel auf, dass oft nur negative Geschichten weitererzählt werden und ihren Weg in die Schlagzeilen der Tageszeitungen finden. Wenn beispielsweise Verhandlungen scheitern, junge Aktivist:innen von den Taliban oder anderen Terrorgruppen getötet werden, Bomben vor Hotels explodieren. Wenn hingegen etwas Positives passiert – ein bewaffneter Konflikt, eine Entführung, ein Anschlag abgewendet werden konnte –, nimmt die Welt kaum bis keine Notiz davon. Ganz so, als hätte sich die Spannung von selbst gelöst.

Vor allem jedoch beschäftigt sich Scilla in den letzten Jahren mit der Frage, was einen guten Leader auszeichnet und wie gesellschaftlicher Fortschritt in Richtung Sicherheit, Fairness und Teilhabe erzielt werden kann. Was sind die Voraussetzungen, dass wir Notlagen erkennen und uns auf den Weg machen?

Wir stehen in ihrem Garten. Scilla hat beide Hände in der Erde, während wir uns an die jungen Aktivist:innen aus Pakistan oder Kanada erinnern und Gedanken über Weltpolitik austauschen. Scilla hat das große Ganze im Blick, aber die kleine Mit- und Umwelt auch. Global, lokal.

Scilla ist überzeugt, dass das ohne Introspektion nicht geht. Weil sich Menschen in einer verrückten Welt immer wieder selbst verorten müssen, um den Boden unter ihren Füßen nicht zu verlieren. Im Gegensatz zu etlichen Inner-Work-Trainer:innen, die ihren Blick vom eigenen Ich nicht mehr abwenden können, bleibt Scilla nicht bei der Selbstumkreisung stehen. Selbst(er)kenntnis – wer bin ich, was brauche ich, was ist mir wichtig, nach welchen Werten richtet sich mein innerer Kompass aus – ist für sie die Voraussetzung, um einen positiven Einfluss auf die eigene Umwelt nehmen zu können. Ins erfolgreiche Tun zu kommen.

Akzeptiere
deine Schwächen.

Lege dich jeden Tag
mit ihnen an.

Dies gibt dir
die Energie,
deine Träume zu
verwirklichen.

Einige Zeit nach meinem Besuch sitze ich mit Scilla und Führungskräften aus Wirtschaft und Politik in einem Call. Darunter auch die Managerinnen Angela Gallenz und Alexandra Grehe, mit denen ich schon seit Jahren zusammenarbeite. Für beide bedeutet Führen nicht: Wie gut kann man eine Truppe zusammenhalten und auf ein gemeinsames Ziel einschwören? Sondern inwiefern ist man in der Lage, Räume zu schaffen, in denen sich alle gemäß ihrer Potenziale und ihres Tempos entfalten können? Dazu gehört, seine Zeit »nicht mit Senden zu verbringen«, wie Angela sagt. Sondern sie zu nutzen, um Fragen zu stellen, aufmerksam zuzuhören, menschliche Beziehung zu knüpfen und die Bedürfnisse eines jeden anzuerkennen, im besten Falle ohne Wertung.

Zusammen mit Scilla wollen wir diskutieren, was es jetzt konkret braucht, um gestärkt aus der Krise hervorzugehen und neuralgische Punkte mutig anzugehen. Scilla versprüht Optimismus, weil sie überzeugt ist, dass sich das Mantra des 20. Jahrhunderts »What can I get?« im 21. Jahrhundert nach und nach in: »What can I give?« verwandeln wird. Weil die Menschen nicht zuletzt durch die Pandemie, begleitet von persönlichen Tragödien und Traumata, verstanden hätten: Alles ist mit allem, alle sind mit allen verbunden – und wir sollten schon allein deswegen »ein kleines bisschen weniger Wert auf das eigene Ego und das eigene Vorankommen legen«. Zudem, so Scilla, könnten die Menschen instinktiv spüren, was es jetzt wirklich braucht: ein »mighty heart«, ein großes Herz. Die gute Nachricht des Tages: Wir alle haben eins und können es trainieren. Womit sich der Kreis schließt, von außen nach innen, von innen nach außen.

Wie man ein starkes Herz trainiert? Basierend auf 50 Jahren Erfahrung in der Arbeit mit Generäl:innen, Politiker:innen und CEOs ist Scilla überzeugt, dass Empathie der erste Schritt ist, um die eigene Herzenskraft zu fördern. Empathie anderen gegenüber. Aber auch Empathie sich selbst gegenüber. Weil sie wie eine Brücke das Herz mit dem Verstand verbindet und als Gegengewicht zu unserer eindimensionalen Rationalität zu intelligenterem Verhalten führt.

Empathie ist für Scilla zudem die Basis für echtes Mitgefühl, die Fähigkeit, mitzuleiden – und im besten Fall den Wunsch zu entwickeln, zugrunde liegende Probleme lösen und Missstände beseitigen zu wollen. Oder auch ein besseres Gespür für die Grenzen des Machbaren zu entwickeln, das kann die Gesundheit eines Menschen genauso wie die planetaren Ressourcen betreffen.

Scilla ist nicht allein mit ihrer Überzeugung, dass Menschen in der Neuen Welt die innere Auseinandersetzung mit sich selbst brauchen, um erfolgreich ins Tun zu kommen. Und dass wir alle miteinander verbunden sind. 2015 habe ich Desmond Tutu, der leider Ende 2021 verstorben ist, in Oxford kennengelernt. In einer Rede verwies der Menschenrechtler und Friedensnobelpreisträger aus Südafrika damals auf das Wort *Ubuntu*. Es kommt aus der Tradition der Zulus und Xhosas und steht für eine Grundhaltung des gegenseitigen Respekts und der gegenseitigen Anerkennung, der ein »universelles Band des Teilens, das alles Menschliche verbindet«, zugrunde liegt. Ein Mich gibt es nur, weil es ein Dich gibt und umgekehrt.

Die Neue Welt ist ein wunderbares Durcheinander. Darin Orientierung zu finden, ist nicht leicht – und eine ehrliche und tiefe Auseinandersetzung mit sich selbst deshalb umso wichtiger. Zu dem wunderbaren Durcheinander gehört aber auch, dass wir ständig mit der eigenen Inkonsistenz und den eigenen Grenzen konfrontiert werden. Wir alle sind überzeugt, ab sofort so und so handeln zu wollen ... und halten uns dann doch nicht dran. Ein Dilemma der modernen Gesellschaft besteht nun einmal darin, dass wir zwar viele gute kleine Lösungen kennen und entwickelt haben, es aber nicht zum großen Summum Bonum reicht. Die eine große planetare Gesamtlösung gibt es nicht.

Vielleicht denkst du jetzt, dass sich dieses Dilemma nie auflösen wird und die Welt schneller untergehen wird, als wir schauen können, weil wir Menschen oft unfähig sind, echte Empathie und Altruismus zu entwickeln. Oder dass man etwa als Hartz-IV-Empfänger nicht viel Zeit zur Introspektion hat, wenn man kaum Geld für Miete und Lebensunterhalt aufbringen kann, geschweige denn für kulturelle oder künstlerische Teilhabe. Ja, das stimmt und es kann einen traurig machen. Ich reise wieder einmal nach London, dieses Mal zu einer berühmten Frau, mit der ich darüber sprechen will, wie sich dieses Dilemma lösen lässt.

DIE NEUE WELT …

VERSUCHT SICH IN KONSISTENZ

DIE MAIL EINER BEFREUNDETEN Wissenschaftlerin landet bei mir in der Inbox mit dem Kommentar »Kurz innehalten und den Earth Overshoot Day anerkennen. Gutes Gelingen beim Entwickeln neuer Innovationen«. Der Earth Overshoot Day berechnet jedes Jahr, an welchem Tag jene Ressourcen verbraucht sind, die die Erde innerhalb eines Jahres wiederherstellen und somit nachhaltig zur Verfügung stellen kann. Letztes Jahr ist das bereits am 29. Juli der Fall gewesen, was bedeutet: Innerhalb dieses einen Jahres benötigen wir Menschen fast zwei Erden.

Wir alle wissen: Arten sterben aus, Kinder leiden unter schlechter Luft, das viel zitierte 1,5-Grad-Ziel ist noch in weiter Ferne, und vermutlich werden wir bezüglich der zuletzt vereinbarten Klimaziele sogar die Zwei-Grad-Marke reißen. Wir hören davon, wir lesen davon, wir reden darüber und leben weiter wie zuvor. Wir steigen in unsere Autos, fliegen in die Ferien, laden Freund:innen zum Steak ein. Obwohl wir wissen, dass unser Lebensstil nicht nachhaltig ist, halten wir daran fest. Mangel an Konsistenz definiert unser Leben. Und wenn uns je nach politischer oder sozialer Einstellung das schlechte Gewissen plagt, pflanzen wir dagegen Bäume. Kaufen bio. Fahren innerhalb Deutschlands mit der Bahn. Oder legen im Garten einen Komposthaufen an.

Damit nicht genug: Unsere gelebte Inkonsistenz beschränkt sich nicht nur auf unseren Umgang mit der Erde. Er betrifft auch unser Miteinander. Wie viele Male saß ich schon beim Abendessen mit privilegierten Menschen zusammen, in den USA genauso wie in Asien oder Lateinamerika. Irgendwann drehen sich die Gespräche immer um soziale Ungerechtigkeit im eigenen Land. Das Leben mit Kindern in abgeriegelten Siedlungen mit Sicherheitspersonal. Die eigene Kindheit, die noch ganz anders aussah. Und warum man beispielsweise die Menschen in Skandinavien beneidet, die über alle Schichten hinweg ohne Sorgen und relativ gleichberechtigt zusammenleben. (Nie werde ich eine Nachbarin in Genf vergessen, die in einem wunderschönen Haus wohnte. Sie kam aus Mexiko und zog mit ihrer Familie in die Schweiz, nachdem ihr Kind gekidnappt wurde und die Entführer:innen ihr nach Bezahlen des Lösegelds ein Stück vom Ohr abgeschnitten hatten.)

» Die größte Gefahr für unsere Zukunft ist Gleichgültigkeit.

JANE GOODALL

Sobald jedoch die Gespräche in Richtung Steuern gehen, hört die Sehnsucht auf, droht die Stimmung zu kippen. Nie wäre man bereit, die hohen Abgaben der skandinavischen Wohlfahrtsstaaten zu akzeptieren, so der Tenor. Natürlich, es gibt gute Argumente, warum Unternehmer:innen ihr Geld lieber in die nächste Innovation stecken sollten als per Steuern in die Bürokratie. Aber die Inkonsequenz zeigt sich auch hier: Menschen, die den Wert von Gleichheit ausdrücklich befürworten, gründen am nächsten Tag Firmen mit Sitz in Luxemburg oder auf den Cayman Islands. Wobei Inkonsistenz kein Problem der Besserverdiener allein ist – mit ihrer, wie ein französischer Journalist unlängst zu mir sagte, »Bio-Diktatur«. Skandale, wie der um den Fleischproduzenten Tönnies, erreichen alle Wohnzimmer unseres Landes, Menschen zeigen sich geschockt. Dennoch geht der Konsum von Billigfleisch nicht zurück, das Recht auf das tägliche Schnitzel scheint über so gut wie alle Einkommensschichten hinweg unantastbar zu sein.

Kurzum: Auch wenn uns eine Greta Thunberg oder ein Rutger Bregman, der 2020 den Tech-Milliardär:innen beim Weltwirtschaftsforum in Davos empfahl, statt schicke Stiftungen zu gründen doch einfach mal Steuern zu zahlen, immer wieder den Spiegel vorhalten – wir alle haben uns mit der Inkonsistenz arrangiert und uns in unserem Leben eingerichtet. Das liegt nicht nur daran, dass ein konsistenter Lebensstil in unserer modernen Welt den meisten von uns unmöglich erscheint (und in vielerlei Hinsicht auch unmöglich ist), sondern auch ziemlich unsexy, spaßbefreit und asketisch. Ich habe das lange Zeit auch gedacht – bis ich Jane Goodall kennenlernte.

Wenn ich an Jane denke, steigt mir sofort der scharfe Geruch von gutem Whisky in die Nase. Das mag sich komisch anhören, doch als die britische Verhaltensforscherin vor Covid-19 noch um die Welt reiste, um die vielen nationalen Ableger ihres Jane-Goodall-Instituts und vor allem ihres Jugendprogramms *Roots & Shoots* zu besuchen, gehörte ein Ritual einfach dazu: Bevor sie zum Schlafen auf ihr (Hotel-)Zimmer ging, setzte sie sich in der Lobby oder im Wohnzimmer von Freund:innen gemütlich mit einem Tumbler in der Hand aufs Sofa und genehmigte sich einen Schluck. Die Flasche hierfür hatte sie immer im Gepäck dabei. Und wer den Tag mit ihr verbrachte, war implizit dazu eingeladen, sich zu ihr zu gesellen und ein Gläschen mitzutrinken. Sie tat es auf jeden Fall.

Für mich sind Jane, Sofa und Whisky zu einem Sinnbild verschmolzen. Sie ist nicht nur zu einer Ikone der Umweltbewegung aufgestiegen, hat eine globale, dezentralisierte Organisation geschaffen, im Gombe-Nationalpark Schimpansen erforscht, Filme gedreht, sich für die Umwelt eingesetzt, Kinder und junge Menschen inspiriert, eine große Leidenschaft für ihre Themen entwickelt und

Setze
Grenzen.

Und finde darin
deine Freiheit.

keine Angst, Dinge, die sie stören, offen anzusprechen – zum Beispiel, wenn man neben ihr im Restaurant ein Stück Fleisch bestellt (ziemlich ungemütlich). Sie hat auch nie den Spaß, die Leichtigkeit, die Freude an ihrem Leben verloren – und das seit Jahrzehnten. Ich bin nicht der oder die Einzige, den das fasziniert.

Über Jane habe ich in den vergangenen Jahren viele fantastische Menschen ihrer Organisation kennengelernt, die mit großer Freude und wenig Gedanken über Bezahlung oder die eigene Qualifikation Forschungsprojekte aufsetzen, Gelder akquirieren und Jugendprogramme durchführen. Jedes Mal habe ich mich gefragt, was diese Menschen so an Jane reizt (wer sie einmal inmitten einer Menschenmenge erlebt hat, weiß: Die Stimmung, die Energie kommt einem Konzert mit Rockstars ziemlich nahe). Und ich bin zu dem Schluss gekommen, dass es mit ihrer Art zu tun hat, ein konsistentes, stimmiges Leben in Aussicht zu stellen. Denn Jane weiß, dass auch sie nicht alles hundertprozentig »richtig« machen kann – und doch hat sie für sich einen klaren Rahmen gesteckt, innerhalb dessen sie sich so gut es geht konsistent bewegt. Nicht mit einer Aura des Verzichts (ich muss), sondern der Freude (ich will). Und diese Freude lebt sie vor. Seit ein paar Jahren bemerke ich übrigens, wie sich dieser neue Realismus ausbreitet. Sowohl in Berlin als auch in vielen Städten rund um den Erdball.

Ein Beispiel: Eine unserer Mitarbeitenden arbeitet seit einem Jahr an einer neuen Zebra-Firma, die wir während Covid-19 gegründet haben. Uns war aufgefallen, dass sich Menschen auf einmal viel mehr für die Natur in ihrem direkten Umland interessieren, aber nicht wissen, wo sie ihr begegnen können. Mit *Dream Local* wollen wir Naturerfahrungen direkt vor der Haustür möglich machen – zum Beispiel durch einen Tag Kuhflüstern, Kräuterkunde oder Naturfotografie rund um Berlin. Besonders unsere Mitarbeiterin, die *Dream Local* leitet, hat sich viel mit dem veränderten Verhalten gerade von Menschen unter 40 beschäftigt und dabei festgestellt: Die Anzahl derer, die in den Sommerferien lieber ein Haus am Schwielowsee in Brandenburg mieten statt nach Mallorca zu fliegen, sich am Wochenende zum Klamottentausch treffen statt in der Mall neue zu shoppen oder im Kiez gemeinsam mit ihren Nachbarn einen Gemüsegarten bewirtschaften, wächst rasant. Nicht weil sie ein schlechtes Gewissen haben. Sondern weil es sich besser, passender, sagen wir auch: cooler anfühlt.

Die Unterschiede mögen marginal erscheinen – und doch kommt es einer Revolution gleich. In der Alten Welt akzeptieren wir, dass ein konsistentes Leben nicht möglich ist (höchstens für extreme Aussteiger:innen, Eremit:innen), zucken schuldbewusst mit den Schultern und lassen es bleiben. In der Neuen Welt wissen wir, dass ein konsistentes Leben unerreichbar ist. Und doch definieren wir für uns einen Bereich, der uns besonders wichtig erscheint, und gestalten unser Leben dementsprechend um. In Summe entsteht in der Neuen Welt dadurch eine Schubkraft, die es nicht zu unterschätzen gilt – und weil wir uns in bester Gesellschaft wähnen, fällt der Schritt raus aus der Routine auch immer leichter. Und wer weiß: Die vielen kleinen Teile können irgendwann vielleicht ein großes Ganzes ergeben, ganz ohne große Planung.

Vielleicht denkst du jetzt, dass der neue Realismus ganz nett und schön ist, aber eben nichts bringt angesichts der alarmierenden Zahlen, was Klima, Umwelt und Artenschutz betrifft. Oder du betrachtest Kompromisse als Einstieg in eine Laisser-faire-Haltung, die am Ende doch nichts ändern wird. Das kann ich gut nachvollziehen. Dennoch bleibe ich bei meinem pragmatischen Vorschlag einer Schritt-für-Schritt-Revolution von unten. Mit Vorbildern und Leuchttürmen, die im Lokalen wirken. Und gerade dadurch eine unglaubliche Strahlkraft entwickeln können. Ich reise virtuell weiter nach Australien, um dir eine Frau mit faszinierend viel Power vorzustellen.

DIE NEUE WELT …

ÄNDERT GEWOHNHEITEN

ALS ICH MIT MINA GULI MAL WIEDER TELEFONIERE, geht es ihrem Bein wieder gut. Mina ist Australierin, voller Lebensenergie und ziemlich drahtig. Lachend erzählt sie, dass sie früher eigentlich nie besonders sportlich war – für den Sportunterricht suchte sie gerne nach Ausreden. Doch dann fing sie an, durch Wüsten und Schnee zu laufen, bei Hitze und Regen. Weil sie mit jedem Kilometer Bewusstsein für ein bestimmtes Thema schaffen wollte: Wasser.

Mina beschäftigte sich beruflich schon seit Jahren mit Wasser und Energie, als sie 2012 in China die Nichtregierungsorganisation *Thirst* gründete, um auf das viele »unsichtbare Wasser« hinzuweisen, das wir jeden Tag unbewusst konsumieren. Allein eine Handvoll Kaffeebohnen für eine Tasse Kaffee verbraucht ungefähr 140 Liter, die Herstellung einer konventionellen Levi's Jeans angeblich 8000 Liter. Mina schaffte es, an Hunderten von Schulen Bildungsprogramme durchzuführen – und doch erreichte sie mit ihrer Arbeit nicht die Öffentlichkeit, die sie sich erhoffte. Wassermangel und Wasserverschmutzung gehören zwar zu den größten existenziellen Herausforderungen unserer Zeit, doch als Risikothema bekommt es kaum Aufmerksamkeit. Selbst wenn das Grundwasser fast komplett ausgeht und Trink- sowie Duschwasser rationiert werden, wie 2018 in Kapstadt der Fall, spricht wenige Monate später niemand mehr darüber.

Anstatt sich mit der Situation zufriedenzugeben, entschied sich Mina, ein noch stärkeres persönliches Zeichen zu setzen, um den globalen Diskurs über Wasser anzuregen. Sie fing an, zu joggen, trainierte mehr und mehr und wurde in ihren Vierzigern zur Ultramarathonathletin, die fürs Wasser läuft. Ihr erster medienwirksamer Lauf führte sie 2016 in sieben Wochen durch sieben Wüsten. 2017 folgten 40 Marathons in 40 Tagen auf sechs Kontinenten, immer entlang der sechs großen Flüsse unserer Welt. Ihr Körper litt, aber Mina erweckte endlich Interesse. Sowohl bei den Menschen, die sie anfeuerten und mitunter ein Teilstück mit ihr liefen, als auch bei den Medien, das *Fortune Magazine* wählte sie zu einem der 50 einflussreichsten Menschen der Welt.

» Zu oft blicken wir auf die großen Herausforderungen unserer Welt und denken: Das ist zu groß, ich bin doch nur ein Mensch. Die Wahrheit ist aber, dass wir in der Lage sind, alles zu erreichen..

MINA GULI

Nach den 40 Rennen machte Minas Trainer einen Witz: Wenn du dich erholt hast, kannst du das nächste Mal ja 100 Marathons an 100 Tagen laufen. Mina lachte und machte ernst. Baute ein Team auf, legte die Route erneut über sechs Kontinente fest, rief die Plattform *#runningdry* ins Leben und ging nur eineinhalb Jahre später beim großen Marathon von New York City an den Start. An Tag 62, bei Marathon 62, brach Minas Bein aufgrund der Überbelastung. Doch da hatte sich bereits eine Community gebildet, die für sie weiterlief und die zurückgelegten Kilometer an Mina spendete. Die Läufer:innen auf der ganzen Welt pushten sich gegenseitig so stark, dass sie sich zusammen das Ziel setzten, 100 Marathons an einem Tag zu laufen. Nach 24 Stunden waren es mit 8481 gelaufenen Kilometern sogar 201 Marathons. In einem Interview sagte Mina dazu: »Wenn solche Leistungen möglich sind, dann können wir auch unsere

Lebensweise ändern, um die weltweite Wasserkrise in den Griff zu bekommen.«

Seit Jahrzehnten beschäftigen sich Forscher:innen aus Neurologie, experimenteller Psychologie und Verhaltensökonomik mit der Frage, wie Menschen ihre Gewohnheiten ändern können. Und je mehr es nicht mehr nur darum geht, im neuen Jahr etwas weniger zu essen oder sich etwas mehr zu bewegen, desto dringlicher werden die Antworten. Klar ist inzwischen: Die Ratio ist nicht immer Chef in unserem Gehirn, viele unserer täglichen Handlungen und Entscheidungen laufen automatisch ab. Gerade wenn es um die kleinen Dinge des Lebens geht: Wo kaufe ich ein, was esse ich, wie komme ich zur Arbeit, welchen Waschgang nutze ich? Und selbst wenn wir beabsichtigen, unsere Verhaltensweisen ändern zu wollen, ist das alles andere als leicht. Weder gute Vorsätze noch Druck von außen garantieren den Erfolg. In seinem Buch *Mastery. The Keys to Success and Long-Term Fulfillment* schreibt George Leonard: »Resistance is proportionate to the size and speed of the change, not to whether the change is a favorable or unfavorable one.«

Nichtsdestotrotz fällt auf: Immer mehr Menschen um uns herum versuchen, ihre Routinen zu ändern. Mit einer Smartwatch am Handgelenk oder Besuchen von »Habit Change«-Kursen geht es ihnen um Selbstoptimierung, aber auch um die eigene Rolle in der Welt: Welchen Beitrag kann ich leisten? Und sie nehmen Unterstützung, die ihnen in der Neuen Welt mehr und mehr angeboten wird, gerne an.

Eric Levine und ich hören uns jede Woche. Inzwischen sitzt er nicht mehr in seiner Stadtwohnung, sondern unter Palmen. Wie viele hat auch er die Pandemie-Zeit genutzt, über sein

Schaffe
kleine
Zirkel
des Guten.

Neue
Gewohnheiten des
Miteinander,
Füreinander,
Nacheinander!

Leben nachzudenken, und ist mit seiner Familie für ein Jahr von London nach Costa Rica gezogen. Eric leitet *Count Us In.* Eine Initiative, die inzwischen zu einer globalen Kampagne und offiziellen Bürgerbewegung der Europäischen Union angewachsen ist – mit der Mission, bis 2030 eine Milliarde Bürger:innen zu inspirieren, ihre CO_2-Emissionen deutlich zu reduzieren und führende Akteure und Akteurinnen aus Politik, Wirtschaft und Gesellschaft herauszufordern, kühne und weltweite Veränderungen herbeizuführen.

Der Startschuss für *Count Us In* fiel, weil sich Organisationen wie die *TED*-Konferenz, *Leader's Quest* und *The DO* die Frage stellten, wie man nicht nur Klimaaktivist:innen, sondern auch Menschen aus der Mitte der Gesellschaft ermutigen könnte, ihre Gewohnheiten zu verändern. Und sei es nur im Kleinen. Gemeinsam mit Wissenschaftler:innen entwickelten wir »16 Schritte«, die jeder gehen kann – wie Kleidung länger tragen, mehr Fahrrad fahren, weniger Lebensmittel wegwerfen, den Stromanbieter wechseln, sein Geld ethisch anlegen.

Inzwischen ist *Count Us In* ein Jahr alt, und mehr als 200 000 Teilnehmer:innen haben über fünf Millionen Schritte zurückgelegt. Ein Selbstläufer ist die Aktivierung der Mitte der Gesellschaft – »the movable middle«, wie Eric sagt – noch nicht. Doch er und das Team haben Spaß daran, nach immer neuen Wegen und Möglichkeiten zu suchen, Menschen bestmöglich zu inspirieren und zu aktivieren. Ja, eine Kunst daraus zu machen, die über das einfache »Nudging« hinausgeht.

Bereits vor zehn Jahren haben die US-Amerikaner Richard H. Thaler und Cass R. Sunstein in ihrem Buch *Nudge. Wie man kluge Entscheidungen anstößt* ausgeführt, wie sich Menschen zu besseren

Entscheidungen anregen lassen. Der Trick dabei: Die »richtige« Entscheidung zur einfachsten zu machen – und wenn möglich zur lustigsten. Bekannt ist das Beispiel der Pianotreppe in der Londoner U-Bahn, die die Menschen dazu bringt, Stufen zu steigen, statt Rolltreppe zu fahren.

Inzwischen hat sich die Welt weitergedreht. Unternehmen verstehen es meisterhaft, anhand von Daten die Gewohnheiten ihrer Kund:innen zu analysieren und sie durch gezielte Botschaften und Aktionen noch besser zum Kauf zu animieren. Doch dieses Wissen wird nicht mehr nur genutzt, den Konsum weiter anzuheizen, sondern auch, um Menschen individuell zu einem gesünderen und nachhaltigeren Lebensstil zu bewegen – weil Prävention Leben rettet, Kosten spart, Mitgliedschaften sichert oder die Welt als Ganzes voranbringt.

Letztlich war das auch die Lernkurve, die *Count Us In* genommen hat: Wer das Verhalten von Menschen verändern möchte, muss wissen, mit wem er es zu tun hat. Um sie dann dort abzuholen, wo sie stehen, Verhaltensänderung spielerisch zu animieren (Gamification), kontinuierlich zu unterstützen, Fortschritte sichtbar zu machen und zu belohnen sowie – ganz wichtig – jede:n Einzelne:n in eine Community von Gleichgesinnten zu integrieren. So werden alle, die sich auf der Plattform *Count Us In* registrieren, Teil einer globalen Bewegung, können zeigen, welche Schritte sie bereits unternommen haben, ihre Entwicklungen nachverfolgen und Erfolge jederzeit abrufen – zum Beispiel, wie viel CO_2 sie durch ihr Handeln bereits eingespart haben.

Wo Eric die Menschen erreicht? *Count Us In* hat ganz unterschiedliche Partnerschaften geschlossen – beispielsweise mit den Olympischen Spielen für alle Sport- und Fitnessinteressierten;

oder mit dem Streamingdienst Netflix – die Chancen, dass Menschen nach *Mein Leben auf unserem Planeten* von David Attenborough oder *Don't Look Up* mit Leonardo DiCaprio und Jennifer Lawrence dem Aufruf folgen, jetzt gleich im Anschluss einen ersten, kleinen Schritt zu wagen, stehen nicht schlecht.

Gewohnheiten zu ändern, wird in der Neuen Welt einfacher werden. Nicht nur, weil Menschen neue Wege gehen wollen (wenn vielleicht auch nicht so wunderbar extrem wie Mina). Sondern auch, weil es immer mehr Daten gibt, über dich, über mich, über jede:n von uns – und somit Ansprache und Unterstützung wesentlich individueller erfolgen können.

Vielleicht denkst du jetzt, dass du nicht infrage stellen und es einfach auch mal ausprobieren willst. Dich einklinken in eine weltweite Bewegung, die mit kleinen Schritten konkret, pragmatisch und als Botschafterin des Guten vorangehen will. Oder du stellst dir die Frage: Will ich überhaupt, dass meine Daten für diese Zwecke erhoben werden? Und wie sieht es generell mit unserer Datenzukunft aus? Ein wichtiger Punkt! Antworten auf diese Frage zeigen, wie unterschiedlich Menschen, Länder und Kontinente auf dieses Thema blicken. Und dass wir alle gefordert sind, Stellung zu beziehen und an Lösungen zu arbeiten. Ich treffe eine Frau, die diesbezüglich ein ganz dickes Brett zu bohren versucht.

DIE NEUE WELT …

IST NICHT DAS PRODUKT

ICH GEHE ZURÜCK IN BERLIN mit Lisa Witter spazieren und wir sprechen über die Generalversammlung der Vereinten Nationen in New York, bei der wir beide jetzt ohne die Covid-19-Pandemie ziemlich sicher wären. Lisa ist Amerikanerin, lebt in Berlin, hat ein Start-up in London und ist von Politik begeistert. Gemeinsam mit einer Freundin und vielen Unterstützer:innen hat sie *Apolitical* gegründet, eine Lernplattform für Politiker:innen und Staatsbedienstete. Lisa sagt, wir brauchen mehr denn je gute, motivierte Menschen in Politik und Verwaltung, die sich weiterbilden, vernetzen und wissen, welche Ideen, Initiativen und Gesetze in anderen Ländern funktionieren und warum. Denn Lisa stemmt sich gegen Politikverdrossenheit oder das Vorurteil, Bürokratie sei unsexy. Durch den Aufbau einer besseren Politik und aktiveren Verwaltung erhofft sie sich eine Wiederbelebung der Demokratie, in der sich Bürger:innen wieder kreativ einbringen. Dass es in der Neuen Welt nicht nur wie bisher um politische Überzeugungen geht – wer steht links, wer steht rechts? –, sondern auch darum, wie wir gemeinsam unsere Gesellschaften organisieren, wurde mir bereits vor zwei Jahren klar.

Jedes Jahr im September treffen sich die Vertreter:innen der Mitgliedsstaaten im UN-Hauptquartier in New York, um den Haushaltsplan zu prüfen und zu genehmigen, Fragen von internationaler Bedeutung zu diskutieren und Resolutionen zu verabschieden. Vor Covid-19 bedeutete die UN General Assembly vor allem eine übervolle Stadt. Denn zu den circa 70 Staatschefs gesellen sich Sicherheitsleute, Mitarbeitende und Botschafter:innen, jede Menge Financiers, CEOs, Vertreter:innen von Stiftungen und Nichtregierungsorganisationen. Kurzum alle, die sich mit Politik, Wirtschaft und globalen Trends beschäftigen – oder denken, sie müssten in dieser Woche auch unbedingt in NYC und bei einem der vielen Nebenveranstaltungen dabei sein, um zu planen, zu streiten, zu netzwerken oder einfach nur zu feiern. Nur Neulinge benutzen während der Woche ein Auto, denn sämtliche Avenues sind komplett verstopft. Polizeiwagen sperren weiträumig die Zufahrtsstraßen ab, um die Sicherheitskolonnen durchzuwinken. Kein Weiterkommen, nirgends.

> » Um Politik und Bürokratie zu verbessern, müssen wir auf die Risiken und Chancen fokussieren, die uns Technologie und Digitalisierung bereiten. Es gibt keinen anderen Weg.
>
> LISA WITTER

2019 wurde ich anlässlich der Generalversammlung in die Rockefeller-Stiftung zu den »17 Rooms« eingeladen, eine Veranstaltung, bei der diverse Expert:innen in kleinen Gruppen über eines der 17 Sustainable Development Goals diskutierten: Wie ist der Stand, sehen wir einen Fortschritt oder verfehlen wir die anvisierten Ziele? Ich landete in Gruppe 9: Industrie, Infrastruktur und Innovation. Die Diskussion ging in eine für mich augenöffnende Richtung. Denn ich lernte, dass sich mehr und mehr Menschen mit einer für mich bislang trockenen Frage beschäftigen, die sich seit Covid-19 drängender stellt denn je: In welchem Umfang erfassen, speichern und nutzen Staaten Daten ihrer Einwohner:innen? Und welchen immensen Einfluss hat die Art und Weise, wie Daten erfasst werden, auf die digitale Infrastruktur eines Landes und somit auf das Leben der Menschen in der Neuen Welt?

Mit mir am Tisch saßen damals zehn Minister:innen, Geldgeber:innen und Wissenschaftler:innen. Ein indischer Minister beschrieb, wie schwierig es ist, alle Menschen in bestimmten Bundesstaaten zu erfassen. Mit der Konsequenz, dass sich alle nicht erfassten Bürger:innen nur eingeschränkt auf den Staat verlassen können – egal, ob es sich um Versicherungen, finanzielle Unterstützung oder den Zugang zu Schulen handelt. Ein Minister aus einem afrikanischen Land erzählte von ähnlichen Herausforderungen – und dass sie sich bereits mit dem »chinesischen Modell« vertraut machen. Überhaupt wurde an diesem Nachmittag viel über China und auch über die USA gesprochen.

In China kontrolliert der Staat die Daten der Bürger:innen mit dem Social Credit System. Ursprünglich in den 1990ern entwickelt, um finanzielle Bonität zu prüfen, Korruption zu bekämpfen und den Turbokapitalismus zu begrenzen, wird das System seit 2014 mehr und mehr benutzt, Bürger:innen je nach ihrem Verhalten zu belohnen oder zu bestrafen. Inzwischen verfolgen Kameras und Spezialsoftware viele Schritte und Handlungen in der realen und virtuellen Welt. Und je nach definierten Regeln erhöhen oder reduzieren sich die Punkte auf dem Punktekonto der jeweiligen Bürger:innen. Eine künstliche Intelligenz verarbeitet die immensen Datenströme, die sich nicht nur aus digitalen, sondern auch aus traditionellen Quellen speisen: Kreditkartenbewertungen werden genauso analysiert wie Strafregister, Gesundheitsakten oder Schulzeugnisse. Im Verlauf der vergangenen Jahre hat sich so eine staatliche, digitale Infrastruktur etabliert, die im Hinblick auf Überwachung und Menschenrechtsverletzungen große Sorgen hervorruft. In Zeiten der Pandemie jedoch auch einen umfassenden Big-Data-Ansatz ermöglichte. Durch die genaue Erfassung individueller Bewegungsmuster und Kontaktpunkte konnte das individuelle Ansteckungsrisiko eines jeden Bürgers, einer jeden Bürgerin mittels einer Farbampel angezeigt und so das Infektionsgeschehen gedrosselt werden – in Städten wie Beijing durften sich zur Hochzeit nur noch Menschen mit grünem QR-Code komplett frei bewegen.

Auch in den USA erhebt der Staat, wie wir nicht erst seit Edward Snowden wissen, viele Daten über seine Bürger:innen. Doch der Treiber der digitalen Infrastruktur und digitaler Dienste ist der freie Markt. Der Staat versucht, den Rahmen zu setzen, aber viele Entwicklungen werden von privaten Unternehmen forciert. So setzen staatliche Dienste oft auf den Systemen von Facebook, Google oder Apple auf, und die Grenzen zwischen kommerzieller und staatlicher Nutzung der Daten verschwimmen. Donald Trump, das ausufernde Hate-Speech-Problem oder der schwelende Konflikt, ob Unternehmen wie Google oder Facebook zerschlagen gehören, zeigen, dass auch das amerikanische Modell alles andere als unumstritten ist.

Tom, Executive einer der großen Silicon-Valley-Firmen, fasste bei einem Abendessen in San Francisco bereits vor ein paar Jahren das weithin bekannte Geschäftsmodell der amerikanischen Internetkonzerne in einem Satz zusammen: »Wenn du einen Service im Internet nutzt, ohne etwas dafür zu bezahlen, dann bist du das Produkt, das verkauft wird.«

Spätherbst in Berlin. Lisa und ich laufen am neuen Humboldt-Forum vorbei. Auch ein kontroverses Beispiel, wie sich Alt und Neu so arrangieren lassen, dass eine ganz neue Spannung entsteht. Ähnlich dem Umstand, wie alte politische Systeme mit der neuen Data World kooperieren könnten. Die Sonne steht schon tief, als Lisa näher ausführt, warum es beim Umgang mit Daten noch viele ungelöste Fragen gebe: Wie kann der Staat seine digitale Infrastruktur und seine digitalen Dienste ausbauen, ohne seinen Bürger:innen das Gefühl von staatlicher Überwachung zu geben, das Vertrauen in staatliche Institutionen zu verspielen oder in die Abhängigkeit einzelner Tech-Konzerne zu rutschen?

Einfache Antworten gibt es darauf nicht. Genau deshalb, so Lisa, sei es wichtig, dass Politiker:innen und Verwaltungsbeamte weitergebildet werden in Sachen Digitalisierung und miteinander ins Gespräch kommen. Analysieren, nicht vorschnell verurteilen und dennoch kritisch bleiben, abwägen und voneinander lernen, um für das eigene Land und darüber hinaus gesunde Lösungen zu finden. Lisa und andere Freund:innen, die in dem Bereich arbeiten, weisen mich darauf hin, dass es viele unterschiedliche Visionen einer staatlichen Datenzukunft gibt – nicht nur die amerikanische oder chinesische. Südkorea, Indien, Taiwan oder Israel sind interessante Beispiele. Oder auch Estland.

So richtig viel wird über das kleine EU-Mitgliedsland nicht geschrieben. Zumindest wusste ich nicht viel, als ich vor einigen Jahren den damaligen Regierungschef, Jüri Ratas, bei einer Podiumsdiskussion erlebt habe. Er erzählte von seiner Vision, das Land in eine smarte Zukunft führen zu wollen. Heute zählt »e-Estonia« zu den fortschrittlichsten digitalen Gesellschaften der Welt. Steuererklärung, Gründung eines Unternehmens, Wahlen oder die Registrierung als Organspender laufen genauso wie viele andere Angelegenheiten, zu denen man normalerweise persönlich erscheinen oder irgendein Formular unterschreiben muss, online ab.

Die Bürger:innen nutzen hierfür ihre elektronische ID-Karte, die Dokumente wie Ausweis, Führerschein, Versichertenkarte, Bankkarte und selbst Krankenakte ersetzt. So gut wie alle Informationen, die der Mensch in seinem Leben abrufen muss, sind auf der Karte gespeichert. Hinzu kommen e-School, Smart Parking, eine

Daten bestimmen unsere Zukunft.

Entscheide mit, bringe dich ein.

Wie sieht eine Gesellschaft aus, die Risiken und Chancen clever austariert?

WLAN-Abdeckung im öffentlichen Raum von 99 Prozent und e-Residency – eine Art estnische Staatsbürgerschaft, die jede:r Weltbürger:in beantragen kann. Kurz nach dem Zerfall der Sowjetunion, innerhalb von 30 Jahren, hat sich das Land mitsamt seiner Verwaltung von »all paper« in »all data« transformiert. Und das im Einklang mit der Datenschutzverordnung der Europäischen Union.

Durch die Pandemie sind die Themen »Daten« und »digitale Infrastruktur« auch hierzulande für so gut wie jeden greifbarer geworden. Was funktioniert, was funktioniert nicht? Welche Widerstände werden sichtbar? Während sich die einen angesichts von Warn-Apps um ihre Daten und ihre Grundrechte sorgen, schütteln die anderen den Kopf über Ineffizienzen. Ein Beispiel aus meinem Berliner Alltag: Online zum Impfen anmelden, doch dann in der Arztpraxis sieben Seiten Formulare ausfüllen, sechsmal die eigene Adresse angeben, ein Impfheft aus Papier erhalten, obwohl man am Flughafen nur mit einem virtuellen Ausweis zum Gate darf.

In der Neuen Welt erhält die digitale Infrastruktur die Aufmerksamkeit, die sie benötigt und verdient. Denn den Menschen wird klarer, welche Bedeutung und welchen Einfluss sie auf unser aller Leben hat. Politiker:innen und Staatsbedienstete setzen sich allmählich mit dem Thema auseinander. Das ist gut. Noch besser ist, dass sich mehr und mehr Menschen in der Neuen Welt ebenfalls damit beschäftigen, denn es gibt noch viele Strukturen, die wir neu aufbauen, viele Risiken und Chancen, die wir gemeinsam abwägen müssen.

Vielleicht denkst du jetzt, dass Big Brother, egal ob staatssozialistisch oder privatwirtschaftlich, mehr Risiko als Chance ist und uns am Ende in einer grandiosen Gesamtvernetzung die individuelle Freiheit stehlen wird. Oder künstliche Intelligenz nur ein Vorwand ist, uns neue Produkte und Dienstleistungen so anzudrehen, als ob sie unseren Bedürfnissen entsprächen. Davon abgesehen: Daten werden in Zukunft Politik und Wirtschaft grundlegend verändern. Wir können es Unternehmen und Regierungen überlassen oder wir mischen uns konstruktiv ein, um die Neue Welt von Grund auf, also bottom-up, aufzubauen. Es wird euch nicht verwundern, dass ich jetzt ins Silicon Valley reise.

DIE NEUE WELT …

ORGANISIERT SICH NEU

ZUSAMMEN MIT PIA MANCINI und einigen Freund:innen stehe ich unter einem riesigen alten Baum in einem öffentlichen Park in San Francisco. Wir haben den Tag damit verbracht, uns sowohl in der Stadt als auch im Silicon Valley mit verschiedenen Tech-Firmen zu unterhalten. Auf unserer Liste steht Twitter genauso wie der neue Innovationscampus auf dem alten NASA-Gelände. Bevor wir zum nächsten Termin müssen, ziehen wir im Schatten eines kleinen Parks Zwischenbilanz und kommen zwangsläufig darauf zu sprechen, wie Gesellschaft und Wirtschaft heute organisiert werden. Für Pia sind wir in dieser Frage viel zu altmodisch. In zentralen Bereichen halten wir, sagt sie, krampfhaft an veralteten Prinzipien fest und schaffen nicht den Sprung ins Informationszeitalter.

Pia ist Argentinierin und eigentlich Aktivistin, sowohl technologiebegeistert als auch an der Zukunft unserer Demokratien interessiert. Am Anfang war sie sehr kritisch und Teil von Occupy Wall Street, der Protestbewegung, die im Oktober 2011 in Nordamerika ihren Anfang nahm und von dort aus andere Kontinente erreichte, auch Südamerika. Pia glaubt an ihren Aktivismus. Seit Jahren will sie nicht mehr gegen etwas sein, sondern vor allem für neue Chancen in der Zukunft werben. Zuerst entwickelte sie eine App, die Menschen in Argentinien die Möglichkeit gibt, über Gesetzesvorlagen abzustimmen. Dann gründete sie eine Partei, die *Net Party*, die alle Entscheidungen basisdemokratisch im Netz trifft.

Heute hat sich Pia zwei Fragen verschrieben, die sich um das Thema »Gerechterer und effektiverer Zugang zu Geld in einer globalen Welt« drehen:

Erstens: Warum können wir über Plattformen wie Zoom oder Avaaz mit Menschen rund um den Globus zusammenarbeiten,

Kampagnen und Geburtstage organisieren, geografische Grenzen also ohne Weiteres überwinden, doch wenn es um die Ressource Geld geht, spielt der Ort, an dem man aufwächst und lebt, eine entscheidende Rolle. Menschen in ärmeren Ländern, so Pia, haben einen wesentlich schwierigeren Zugang zu finanziellen Mitteln als Menschen in reicheren Ländern.

Zweitens: Niemand braucht heute noch eine Firma, einen Verein oder eine Stiftung, um ein Produkt zu entwickeln, ein Gesetz zu verhindern oder Tausende von Menschen zum Mitmachen zu animieren. Doch de facto kann man keine Produkte verkaufen, Spenden einsammeln, staatliche Unterstützung beantragen oder Gelder von Investor:innen verbuchen, ohne sich einen solch verbindlichen Rahmen zu geben. Für Pia ist das System antiquiert und behindert Innovation und sozialen Fortschritt. Deshalb arbeitet sie daran, Geld anders zu kanalisieren und zugänglich zu machen. Sie nennt das, was sie mit ihrer Organisation *Open Collective* macht, »Funding the internet generation«. Klingt zunächst abstrakt, ist es aber nicht.

> » Gesellschaftlicher Wandel entsteht nicht, weil wir einfach mehr Informationen haben. Wir müssen mit den Informationen auch etwas anfangen.
>
> PIA MANCINI

Wir kommen auf die Open-Source-Bewegung und Linus Torvalds zu sprechen. Am 17. September 1991 veröffentlichte der damals 21 Jahre alte finnische Student die erste Version des freien Betriebssystems Linux. Was als Hobby begann, mauserte sich zur globalen Open-Source-Bewegung. Menschen aus der ganzen Welt arbeiten seitdem gemeinsam an einer frei zugänglichen Software, ohne auch nur einen Dollar dafür bezahlt zu bekommen. Und Unternehmen wie Google, Facebook, Twitter oder Amazon greifen auf die Codes zurück, weil ohne sie ihre Geschäftsmodelle nicht funktionieren würden. Weder Android noch die Microsoft Cloud-Plattform Azure oder der Mars-Hubschrauber Ingenuity kommen ohne Linux aus. Da die Open-Source-Bewegung kein Interesse hat, eine Firma oder dergleichen zu gründen, kann sich kein:e Investor:in und kein:e Unternehmer:in erkenntlich zeigen – an wen sollte sie das Geld überweisen? Und wir als Gesellschaft sind darauf angewiesen, dass Entwickler:innen umsonst und unermüdlich Software entwickeln und pflegen, damit unsere Systeme nicht abstürzen. Die Schwachstelle im Softwarewerkzeugkasten Log4j hat das Thema Ende letzten Jahres zumindest mal kurz ins öffentliche Bewusstsein gebracht.

Pia geht es nicht primär um global verteilte Geeks, sondern vor allem um lokale Gemeinschaften, die in der Nachbarschaft Gutes tun. Leute, die für ältere Menschen einkaufen gehen oder während der Covid-19-Pandemie Lebensmittel an Obdachlose verteilen. Über die Plattform von *Open Collective* können sich deshalb Jugendliche, Nachbarschaftsgruppen oder Projektteams registrieren, Geld sammeln und ihr Projekt abwickeln – ohne sich erst eine bestimmte Rechtsform geben zu müssen. *Open Collective* fungiert praktisch als rechtlicher Sponsor, und die Geber:innen sehen transparent, wofür ihre Gelder und Spenden ausgegeben werden. Der Bedarf ist riesig. Allein 2021 wurden mehr als 37 Millionen US-Dollar über die Plattform abgewickelt. Ein Beispiel ist *Bushwick Ayuda Mutua* in New York. Das Netzwerk kümmert sich in Bushwick, einem Viertel im Norden von Brooklyn,

Geldquellen erschließen sich in der Neuen Welt einfacher.

Ohne Bürokratie.

Nutze diese Leichtigkeit.

um die Menschen, die während der Corona-Pandemie durchs staatliche Versorgungsnetz gefallen sind, und stellt ihre Versorgung mit dem Allernötigsten sicher: von Lebensmitteln über Seife bis hin zu Hygieneprodukten. 350 000 Dollar konnte die Gruppe bereits einsammeln, ohne auch nur einen Moment mit Abrechnungen, Steuerthemen oder Papierkram verbracht zu haben. Ein Albtraum für deutsche Steuerberater:innen.

Pias Vision geht aber noch weiter. Ihr Traum ist es, dass *Open Collective* helfen kann, Arbeitsverträge aufzusetzen, Krankenkassenbeiträge weiterzuleiten und Steuern abzuführen. Dann bräuchte es keine der alten Organisationsformen mehr – mit all den Hierarchien, Strukturen, Vorschriften und der Behäbigkeit. Menschen der Generation Internet kommen ohnehin lieber als fluide Gruppen zusammen, tun etwas gemeinsam und ziehen dann weiter zum nächsten Projekt. Und auch das Geld würde von Mensch zu Mensch, von Land zu Land fließen und so wesentlich besser die Ränder unserer globalen Gesellschaft erreichen.

Die Vorstellung wirkt einleuchtend für mich: Heute tauschen Menschen Informationen, Bilder und Sprachnachrichten wie selbstverständlich über Instant-Messaging-Dienste wie WhatsApp, Telegram, Signal oder Threema aus – warum soll es in der Neuen Welt nicht genauso einfach sein, Geld für sein Vorhaben zu akquirieren. Allein die Extraenergie, die frei wird, wenn sich Menschen voll und ganz auf ihr Tun konzentrieren können, ist Grund genug, diese Entwicklung voranzutreiben.

Vielleicht denkst du jetzt, dass eines künftig nicht passieren wird: eine gerechte Verteilung der Geldmittel auf alle Menschen. Weil Unternehmen kein Interesse haben, ihre Vormachtstellung aufzugeben. Und auch Staaten an alten Strukturen festhalten, um nicht zuletzt durch Steuereinnahmen ihren Machterhalt zu sichern. Mitsamt ihren Behörden, Posten und Pöstchen. Für mich ist diese Art der Kapitalismuskritik etwas aus der Zeit gefallen. Und wir können Staaten auch mehr zutrauen. Es geht darum, die Ränder zu stärken. Dort, wo riesige kreative Energieströme warten, sich in Bewegung setzen zu dürfen. Ich reise weiter, um einen Mann zu treffen, der sich bereits seit Jahrzehnten für eine Neuverteilung von Geld und Vermögen einsetzt. Und auf ziemlich unkonventionelle Weise ein leuchtendes Vorbild ist.

DIE NEUE WELT …

VERTEILT GELD BESSER

ICH STEHE VOR DEM CONVENTION CENTER in Schenzhen und blicke auf ein riesiges LED-Poster, auf dem ein Event angekündigt wird. Das Poster vor dem modernen Bau ist größer als bei uns Werbetafeln für Musikkonzerte von Adele. Zwischen all den grünen Zeichen entdecke ich in lateinischer Schrift den Namen von Michael Norton, angekündigt als Hauptact mit großem Bild. Aber Michael Norton ist kein Rockstar, sondern ein englischer Gentleman mit bunter Fliege und schrägen Socken. Die Werbung wirbt für den Vortrag des fast 80-Jährigen zum Thema »Business für Good – Good for Business.« Zielgruppe der Veranstaltung: wohlhabende Chinesen.

Michael ist für mich nicht nur einer der wissbegierigsten Menschen, die ich kenne – oder wie seine Frau, die fantastische Dame Hilary Bloom (Gründerin der NGO *Knit For Peace*), mit leicht kritischem Grinsen im Gesicht sagt, so neugierig, dass er selbst dem Öffnen eines Briefumschlages beiwohnen würde, wenn man ihn dazu einlüde.

Michael ist für mich auch einer der inspirierendsten Investor:innen und Philanthrop:innen, die ich je getroffen habe. Er lebt vor, wie Menschen in der Neuen Welt über Geld denken. Früher ging es darum, möglichst viel Geld zu verdienen und vielleicht mit einem kleinen Teil in Form einer Spende oder einer Stiftung Gutes zu tun. Heute heben mehr und mehr Menschen die Trennung zwischen Geld verdienen und Gutes tun auf und stellen sich grundsätzlich die Frage: Welche Wirkung kann ich jetzt und in Zukunft erzielen?

Wir alle wissen: Vermögen sind extrem ungleich verteilt. Ein Prozent der Weltbevölkerung hält ungefähr 43 Prozent des globalen Vermögens, und davon besitzen die obersten 0,1 Prozent 25 Prozent. Die unteren 50 Prozent der globalen Einkommensschichten besitzen hingegen ungefähr ein Prozent des globalen Vermögens. Die Pandemie hat die Gegensätze weiter verstärkt, denn während auf der einen Seite Milliardär:innen bis zu 25 Prozent Vermögensgewinne verbuchen konnten, geht die Weltgesundheitsorganisation davon aus, dass allein im Jahr 2021 bis zu 150 Millionen Menschen in die absolute Armut zurückgefallen sind. Was bedeutet: Sie sind aus materiellen Gründen nicht in der Lage, ihre Grundbedürfnisse nach Nahrung, Kleidung und Wohnraum zu befriedigen.

» Es liegt an uns, Probleme anzugehen wie Armut, Hunger, Klimawandel. In der ganzen Welt setzen Menschen ihre Energie ein, um neue Lösungen zu entwickeln – für eine Welt, auf die wir stolz sein können.

MICHAEL NORTON

Viele fordern angesichts des zunehmenden Auseinanderdriftens eine stärkere Umverteilung. Was auch Konflikte in den Debatten nach sich zieht. Erhitzte Gemüter unterteilen die Welt längst in »die Reichen« oder »die Armen«, Feindbilder entstehen und werden genährt. Flow-Experte Mihály Csíkszentmihályi schrieb dazu schon vor Jahren in der Tradition eines Max Webers: »Wenn sich die Verteilung von Vermögen zu sehr zentriert, dann lässt die Revolution nicht mehr lange auf sich warten.« Über die letzten Jahre hinweg entstand aber nicht nur eine negative Verdichtung von Vermögen, sondern auch Ideen für eine gerechtere Verteilung. Menschen wie Michael wollen deshalb die Grenzen zwischen Geldverdienen und Geldverteilen neu definieren. Ebenfalls eine Revolution, aber unter anderen Vorzeichen.

Nach unserer China-Tour besuche ich Michael zu Hause im Londoner Stadtteil Hampstead – seine Frau hat beim Bäcker kurz vor Ladenschluss noch Kuchen abgeholt, der sonst in der Tonne gelandet wäre. Noch während der Begrüßung erzählt er mir von einem vermögenden Freund, der etwas gegen die Kinderarmut in Leeds unternehmen wollte. In der englischen Stadt leben 20 Prozent der unter 20-Jährigen in relativer Armut, was bedeutet, dass um die 170 000 Kinder, Jugendliche und junge Erwachsene weniger als der Durchschnitt besitzen (in ganz England liegt die Zahl bei vier Millionen). Zuerst wollte er Kleider und vor allem Geld spenden. Doch Michael brachte ihn davon ab, griff zum Hörer und stieg mit ihm in den Zug nach Leeds. Im Schulterschluss mit den Schulen wollte er zuallererst mit den Familien sprechen und herausfinden, was wirklich fehle: Essen, ein eigenes Bett mit Matratze, ein Schreibtisch? Seitdem arbeiten die beiden mit lokalen Vereinen und Jugendorganisationen zusammen, um Möglichkeiten für Kinder und deren Eltern zu schaffen. Das können ziemlich einfache Sachen sein, wie der Besuch eines Schwimmbads, eines Kinos oder eines Theaters. Zudem hat Michael einen Pott voller Geld zur Verfügung gestellt, aus dem sich Jugendliche – nachdem sie einen Antrag gestellt haben – 3000 britische Pfund nehmen können. Mit diesem Invest müssen sie nicht die Welt retten, nichts Großes leisten. Michael möchte, dass die jungen Menschen das Gefühl erleben, dass jemand an sie glaubt, ja dass sie die Chance verdient haben, einfach mal sich und etwas auszuprobieren.

Während wir im leicht schiefen, bunten, mit allerlei Kunst und Textilien dekorierten Wohnzimmer sitzen und Tee trinken, reden wir über Michaels Leben. Die Eckdaten kenne ich. Seine Karriere als Banker hat Michael in seinen Vierzigern an den Nagel gehängt, seitdem beschäftigt er sich, wie er sagt, mit »Menschen und deren Ideen für eine bessere Welt«. Weil die gesellschaftlichen Probleme

Verschenke
dein
Geld.

Und du wirst reich
belohnt.

»groß sind« – und wir Lösungen »dringend brauchen«. Doch es gibt auch immer wieder Neues zu erfahren. Kein Wunder bei diesem Leben. Bis heute war Michael an der Gründung von weit über 50 Organisationen beteiligt und hat Hunderte von Menschen begleitet, die etwas auf die Beine stellen wollten. Dabei macht er keinen Unterschied zwischen einem gemeinnützigen Verein und einem Start-up, zwischen einem kleinen Nachbarschaftsprojekt und einer global operierenden Organisation. Jeder Schritt in die richtige Richtung ist gleichermaßen wichtig. So hat Michael 2001 gemeinsam mit der britischen Regierung den ersten englischen Fonds für Social Entrepreneurs aufgesetzt. Die Organisation unter dem Namen *UnLtd* verfügt über 100 Millionen Pfund und bietet Prämien, Vernetzung und Mentorenschaft für soziale Unternehmer:innen. Zuvor hat er geholfen, die Hotline *Childline India* zu entwickeln, sodass es in Indien heute nicht nur eine staatliche Telefonnummer für die Feuerwehr gibt, sondern auch für Kinder in Not. Auf sein aktuelles Projekt hat ihn sein neunjähriger Enkel gestoßen: *AimHi*, eine Organisation für Umweltbildung. Seitdem er gesehen hat, wie viel Spaß Kinder an den Online-Kursen haben, berät er die Gründer:innen. So läuft es meistens mit Michael. Ich will ihm von einer tollen, neuen Organisation erzählen, er hat seine Finger schon mittendrin.

Michael kommt ohne Stiftungs-CEO, Family Office, Asset Manager oder Vermögensverwalter aus. Und er inspiriert die stetig wachsende internationale Szene an Impact-Investoren, die seit Jahren an Bedeutung gewinnt. Allein im Jahr 2020 wurden laut Global Impact Investing Network 715 Milliarden Dollar in Projekte und Unternehmen mit grüner, sozialer oder nachhaltiger Rendite investiert. Und mehr und mehr übernehmen professionelle Organisationen wie Omidyar Network das Zepter, um sicherzustellen, dass Investor:innen mit ihrem Geld nicht nur wirtschaftliche Gewinne erzielen, sondern auch möglichst viel gesellschaftliche Wirkung auslösen.

Keine triviale Aufgabe, wie ich ein paar Tage nach unserem Plausch bei einem Event im Londoner Conduit Club miterleben kann. Auf samtenen Poufs hockend verfolgen Michael und ich die Analysen von professionellen Impact-Investor:innen. Die Gruppe überbietet sich regelrecht mit komplizierten Modellen, mit denen sich soziale Wirkung angeblich messen ließe. Wie viel Positives kann ich mit meinem Geld bewirken? Wie realistisch ist die Umsetzung? Wie viele Menschen können wir erreichen? Das Ganze dauert eine gefühlte Ewigkeit, bis Michael lächelt und erklärt, warum er sich grundsätzlich keine Business-Pläne mehr anschaut. Weil sie aus seiner Sicht »immer fiktiv sind« und in Wirklichkeit »immer alles ganz anders kommt«. Ich kann mir ein Schmunzeln nicht verkneifen. Die anderen Investor:innen werfen sich ungläubige Blicke zu.

Michael empfindet seine Rolle als Investor nicht besonders kompliziert, wie er mir nach dem Treffen erzählt. Er investiert in Menschen, in deren Werte und Visionen. Und er trifft auf seinen Reisen überwiegend ehrliche Menschen, die wirklich etwas bewegen wollen. »Wenn du Menschen unterstützt«, so Michael, »die tolle Ideen gepaart mit Energie, Leidenschaft und Leistungsbereitschaft haben, kannst du gar nicht verlieren – und die Frage, ob ein Invest riskant ist oder nicht, kommt dir gar nicht erst in den Sinn, wenn du an diese Person ernsthaft glaubst.« Was es braucht, sind einerseits Zuversicht und Ausdauer. Wie bei einer Gründerin, die er zehn Jahre lang begleitet hat – sie hat gekämpft, ist aber nie wirklich vom Fleck gekommen. Dennoch sind die beiden in Kontakt geblieben, und vor knapp einem Jahr ist dank Michaels Hilfe ein großer Investor eingestiegen und hat die Idee endlich zum Fliegen gebracht. Andererseits bedarf es Offenheit und Freude. Denn die Welt ist voller brillanter Menschen, die nur nicht immer genau wissen, wie und wo sie konkret anfangen und sich einbringen können. Für den initialen Kick versucht Michael deshalb Menschen miteinander zu vernetzen, damit sich ihre Gedanken, Ideen und Wünsche gegenseitig befruchten und daraus ein neues Projekt entstehen kann. Wer jetzt denkt, Michael sei naiv, unterschätzt seine Erfolge. Sowohl was seine Investitionen betrifft als auch seine gemeinnützigen Initiativen.

Michaels Pionierarbeit weist aber auch noch auf einen weiteren Wandel hin, der sich gerade in der Neuen Welt abzeichnet. Schon bei unserem letzten Treffen fragte ich ihn, wie er über das Thema »Vererben« nachdenkt. Michael lachte und sagte, dass es ihm da so gehe wie vielen seiner Freund:innen. Er mache sich Sorgen, welchen Einfluss Geld auf ein junges Leben habe, nicht wenige Familien seien mittlerweile daran zerbrochen. Für ihn und seine Frau ist es deshalb klar, dass sie einen Großteil ihres Vermögens in Projekte stecken werden – weil es dort dringender gebraucht wird, mehr Wirkung entfalten kann und mehr Sinn ergibt. Das Konzept, alles immer nur für zukünftige Generationen bewahren zu wollen, so Michael, ist Geschichte.

Vielleicht denkst du jetzt, von diesen Michaels gebe es leider viel zu wenige und ihr Geld sei nur ein Tropfen auf den heißen Stein. Außerdem sei die Menschheit zu geizig und egoistisch, um mit dieser Mildtätigkeit zurechtzukommen. Ausnutzen würden die meisten solche Geschenke. Sagen wir mal so: Es wird sicher auch weiterhin geizige Menschen geben. Aber die neuen Erbengenerationen haben längst angefangen, ihr »unverdient« erlangtes Geld der Neuen Welt zur Verfügung zu stellen. Um das noch besser zu verstehen, reise ich weiter zu einer Frau, die zeigt, wie man sich besser vernetzen und zusammen noch viel mehr bewirken kann.

DIE NEUE WELT …

ÜBT SICH IM SCHULTER-SCHLUSS

ES IST KURZ VOR MITTERNACHT. Übernächtigt sitze ich am Flughafen von Singapur und warte auf meinen Rückflug nach Europa. Neben mir sitzt Olivia Leland. In den vergangenen zwei Tagen hat sie zwei sehr vermögende Familien besucht, um mit ihnen zu besprechen, was sie mit ihrem Geld bewirken könnten. Nicht im Sinne von Charity oder der eigenen Stiftung. Sondern einer neuen Form des Gebens.

Während hierzulande die Debatte über Vermögenssteuer und Steuerschlupflöcher nicht nur im Bundestag tobt, gründen weltweit Menschen mit Millionen und Milliarden eigene Initiativen. Eines der bekanntesten Beispiele ist der *Giving Pledge*. 2010 von Bill und Melinda Gates sowie Warren Buffett gegründet, ringt er seinen Mitgliedern das öffentliche Versprechen ab, mindestens die Hälfte ihres Vermögens für wohltätige Zwecke zu spenden, zu Lebzeiten oder auch nach dem Tod. Inzwischen zählt die Organisation mehr als 200 Milliardär:innen aus etlichen Nationen, darunter Elon Musk (USA), Mohammed Dewji (Tansania), Dong Fangjun (China) und Iza Login (Slowenien). Zwar ist das Versprechen nicht einklagbar und Kontrollen über die Geldströme sind nicht vorgesehen (auch eine eigene Stiftung kann begünstigt werden), doch die Initiativen helfen, laut darüber nachzudenken, wie die Umverteilung in der Neuen Welt überhaupt funktionieren könnte, um die wachsende Kluft zwischen Arm und Reich zu schließen. Was gibt es jenseits von Steuern und Stiftungen?

Nur wenige Monate nach unserem Treffen am Flughafen Singapur besuche ich Olivia zusammen mit meiner Familie in der Schweiz. Sie lebt in einem kleinen Bergdorf, eine knappe Stunde von Zürich entfernt. Olivia war maßgeblich am Aufbau der *Giving Pledge*-Kampagne beteiligt und hat nun eine neue Organisation mit dem Namen *Co-Impact* gegründet. Denn obwohl weltweit riesige

Summen gespendet werden, kommt noch immer viel zu langsam viel zu wenig Geld dort an, wo es wirklich gebraucht wird.

Die Krux: Viele Spenden sind zu bürokratisch, unflexibel und risikoavers. Oft werden finanzielle Zusagen nur für ein bis zwei Jahre gemacht und nur für zuvor definierte Posten freigegeben. Das führt dazu, dass Organisationen, die auf Spenden angewiesen sind, wenig agil sein können und zu viel Zeit damit verbringen, exakt Buch zu führen, Berichte zu schreiben, Rechenschaft abzulegen und sich mit den Geldgebern zu beschäftigen. »So lösen wir die schwierigen gesellschaftlichen Probleme nicht«, sagt Olivia. »Was es braucht, sind mutiges Handeln mit richtig viel Geld und – noch wichtiger – eine vertrauensvolle Zusammenarbeit zwischen Gebern und Nehmern auf Augenhöhe.«

» Wenn wir wirklich das Leben von Millionen von Menschen verändern wollen, dann geht das nur, wenn wir neue Wege finden, zusammenzuarbeiten.

OLIVIA LELAND

Erst kürzlich hat Olivia mehrere Stifter:innen dazu gebracht, ihre Aktivitäten zusammenzulegen und einen Fonds für Frauenrechte und Geschlechtergleichheit mit insgesamt einer Milliarde US-Dollar aufzusetzen. Und sie überzeugt, dass es sinnvoller sei, Geldströme erst einmal in einem großen Becken zu sammeln. Ein Paradigmenwechsel für einen Bereich, in dem sich ältere weiße Stiftungs-CEOs in schicken Konferenzhotels gerne darüber profilieren, wer das größere Stiftungskonto hat. Nach dem Motto: Mein Haus, meine Jacht, meine Stiftung!

Olivias Konzept geht aber noch einen Schritt weiter: Die gesammelten Gelder werden nicht von den Geber:innen im Geberland fix einzelnen Organisationen, Initiativen und Projekten zugeteilt, sondern Kernpartner:innen der Nehmerländer entscheiden vor Ort selbst, welche Koalitionen sie aufbauen wollen. Sichtachsen vor Ort werden wichtiger. Was ergibt genau jetzt für uns Sinn? Welche Brennpunkte gilt es besonders zu beachten? Wer sind die richtigen Akteure und Akteurinnen, die hier intervenieren können?

Während die Kinder durchs Haus toben, spazieren Olivia und ich über die Wiesen neben dem Haus. »Natürlich gibt es immer noch ein Machtgefälle«, sagt Olivia, »doch wenn wir bessere Ergebnisse erzielen wollen, müssen wir Partnerschaft neu definieren und auf das lokale Know-how und die lokalen Fähigkeiten setzen – zumal wir nicht alle Herausforderungen gleichzeitig lösen können.« Ihr gehe es nicht um schnelle Ergebnisse, sondern um nachhaltige Wirkung – und zwar für Millionen von Menschen. Wie das konkret aussieht, erklärt sie mir am Beispiel des Gender-Fonds.

Die Gleichberechtigung von Männern und Frauen ist in vielen Ländern ein strukturelles Problem. Insofern ergibt es keinen Sinn, Symptome zu lindern: hier ein Selbstverteidigungskurs, dort ein Aufklärungsseminar. Mädchen und Frauen brauchen dauerhaften und sicheren Zugang zu Bildung, medizinischer Versorgung, Politik und Wirtschaft. Es geht darum, ihnen eine Stimme zu geben und, wo nötig, Regierungen zu überzeugen, Gesetze zu verändern. Für Olivia fängt alles mit der lokalen Idee an (davon gibt es viele) und mit Akteuren und Akteurinnen, die wirklich einen Unterschied machen wollen. Von den mutigen Ideen lässt man sich leiten, bis eine weitgehende und nachhaltige Verbesserung erreicht wurde. Das setzt voraus, dass man sich seinen Partnerorganisationen

Jeder für sich?
Das ist vorbei!

Wer etwas verändern möchte, schließt sich mit anderen zusammen.

Die Kraft der vielen boostert gute Ideen.

gegenüber wirklich verpflichtet fühlt, Gelder über einen längeren Zeitraum zur Verfügung stehen, man im vollsten Vertrauen die Akteure und Akteurinnen machen lässt und auch tatkräftig vor Ort mithilft – mittendrin statt nur von New York, London oder Hamburg aus per Videoschalte und Scheckbuch dabei.

Auf einer kleinen Bergkuppe machen wir Halt und atmen durch. Ob sie zuversichtlich sei? Sie lacht laut und bejaht, sowohl was die Philanthropie als auch die Wirtschaft im Ganzen angeht. Mehr und mehr Unternehmer:innen werde doch klar, welchen positiven Beitrag sie leisten können, um Armut, Sucht, Krankheiten oder Umweltverschmutzung zu bekämpfen. Viele von sich aus, wie Diane Hendricks, die das Industrieareal einer insolventen Papierfabrik in einen Start-up-Campus verwandelte, um zu verhindern, dass die 37 000-Einwohner-Stadt Beloit, Wisconsin, durch Arbeitslosigkeit und Wegzug ausblutet. Viele aber auch, weil sich das Klima um sie herum generell verändert. ESG-Indizes und Science Based Targets gewinnen unter Investor:innen massiv an Bedeutung und setzen Unternehmer:innen unter Druck, sich selbst als Teil einer größeren Lösung zu verstehen.

Der Wandel ist so dramatisch, dass der britische Philanthrop und Risikokapitalgeber Sir Ronald Cohen in seinem Buch *Impact. Ein neuer Kapitalismus für echte Veränderungen* zu der Schlussfolgerung kommt: Unternehmerische Entscheidungen fußen »nicht mehr nur auf Risiko und Gewinn«. Als wesentliche dritte Säule werde die Impact-Revolution das 21. Jahrhundert genauso prägen wie die technische Revolution das 20.

Auch Stiftungen, fährt Olivia bei unserem Picknick fort, bleiben davon nicht unberührt. Plötzlich interessieren sie sich, in welche Aktien und in welche Fonds ihr Geld (das Gutes tun soll) angelegt wird, und stellen sich die Frage: Passt das zu unseren Werten, unserer Vision? Erst in diesem Jahr hat Darren Walker, CEO der Ford Foundation, eine der reichsten Stiftungen der USA, bekannt gegeben, alle Invests in fossile Brennstoffe abzustoßen. Stattdessen soll in erneuerbare Energien investiert werden, um »den Übergang zu einer grünen Wirtschaft« zu unterstützen.

Die Resonanz auf Olivias Arbeit zeigt nicht nur, dass sich in der Neuen Welt das Geben ändert. Unternehmer:innen und Manager:innen denken anders über ihre Firmen im Speziellen und über die Wirtschaft im Allgemeinen. Selbst der weltgrößte Investor BlackRock, bei dem ich als Nächstes einen Stopp mache.

Vielleicht denkst du jetzt, dass der Weg von der Idee zum Kapital oft so weit ist wie bis zum Gipfel des Mount Everest. Oder die Idee zu klein und unbedeutend, um von den großen Stifter:innen und Investor:innen überhaupt wahrgenommen zu werden. Doch du wirst sehen: Das stimmt nicht. In jeder Stadt kann man heute Kontakt zu Stifter:innen aufnehmen. Und es schadet nicht, seine Ideen dort vorzustellen. Kostet nichts, nur Zeit und Vorbereitung. Und Mut.

DIE NEUE WELT…

BAUT WIRTSCHAFT UM

MEIN BLICK SCHWEIFT ÜBER DIE GRAU-SCHWARZE Fassade des Firmensitzes von BlackRock in Midtown in New York, und ich weiß nicht genau, ob das Gebäude ein Haus oder ein Raumschiff darstellen soll. BlackRock ist der weltweit größte Vermögensverwalter und hält Anteile an jedem einzelnen DAX-30-Unternehmen. Durch diese Investitionen hat BlackRock-CEO und -Gründer Larry Fink nicht nur einen erheblichen Einfluss auf Volkswirtschaften weltweit. Seine Investment Officer in 70 Niederlassungen und 34 Ländern können in ihren Jahresgesprächen mit Unternehmenslenker:innen auch direkt auf die größten globalen Firmen einwirken. Kaum jemand sonst hat so viel Einblick in die Wirtschaft und verfügt über so viel Kapital. Laut Homepage des Unternehmens 8,84 Billionen US-Dollar, eine Acht mit zwölf Nullen (Stand: Dezember 2021).

In seinem alljährlichen Brief, adressiert an alle CEOs, in deren Unternehmen BlackRock involviert ist, macht Larry Fink seit 2019 wiederholt etwas Ungewöhnliches. Er stellt die Shareholder Primacy infrage und argumentiert, dass in Zeiten starker Veränderung und großer gesellschaftlicher Herausforderungen Firmen nur erfolgreich bleiben können, wenn sie einen Sinn (Purpose) haben, der über das Geldverdienen hinausgeht.

Ich gehe am Bürogebäude vorbei, um mich im Hinterzimmer eines Hotels mit einem BlackRock-Vorstand zum Kaffee zu treffen. Denn Larry Finks *Call for Purpose* mit dem eigenen Unternehmen zu folgen, ist gar nicht so einfach – vor allem nicht für Portfoliomanager:innen, die darauf fokussiert sind, Excel Sheets auf Gewinn und Verlust hin zu untersuchen. Wir sprechen darüber, wie Unternehmen ihren Sinn finden, formulieren und dementsprechend ihr Produktportfolio anpassen können – und wie lange so eine Neuausrichtung in etwa dauert.

Larry Fink wurde übrigens nicht plötzlich altersweise. Vielmehr hat er sich einer Bewegung angeschlossen, die sich bereits ein paar Jahre zuvor auf den Weg gemacht hatte. Dennoch lösen seine Bemerkungen zu Stakeholder-Kapitalismus, Klimakrise und Purpose eine Welle aus. Die unangenehme Seite: Unternehmen begeben sich seitdem öffentlichkeitswirksam und publicityaffin auf Sinnfindungsreisen, unterstützt von Beratungen und Werbeagenturen, die plötzlich Experten in der Sache Purpose geworden sind und für viel Geld nicht nur die externe und interne Unternehmenskommunikation, sondern auch Produkte und Dienstleistungen mit Wert und Sinn aufladen. Die Folge: Greenwashing und Purposewashing sind der Grund, warum »Sustainability« und »Purpose« heute bei vielen in Verruf geraten sind. In Übergangsphasen muss man offenbar mit einer gewissen Doppeldeutig- und Janusköpfigkeit eine Weile leben.

» Den Zweck Ihres Unternehmens zur Grundlage Ihrer Beziehungen mit Ihren Stakeholdern zu machen, ist die zentrale Voraussetzung für dauerhaften Erfolg.

LARRY FINK

Doch das sollte nicht davon ablenken, dass sich die Wirtschaft mitsamt ihren Akteuren und Akteurinnen tatsächlich fundamental verändert. Und dieser Wandel hat vielerlei Gründe. Der US-amerikanische Psychologe Martin Seligman zeigt mit seinem Forschungsansatz der Positiven Psychologie, dass Menschen und Organisationen heute nicht mehr nur durch Geld incentiviert werden, um effektiv und erfolgreich zu sein. In Zeiten starken Wandels brauche es für Erfolg vor allem Sinnstiftung:

Warum tue ich, was ich tue? Warum macht die Firma das? Hinzu kommt, dass sich das Konsument:innenverhalten dramatisch verändert und Kund:innen immer mehr darauf achten, ob Unternehmen (immer noch) Teil des Problems oder (schon) Teil der Lösung sind.

Erfolge wie der von Patagonia sind auf dieses neue Denken zurückzuführen. Die US-amerikanische Marke stellt bereits seit Jahren Fair-Trade-zertifizierte Outdoor-Bekleidung her und setzt sich für Ressourcenschonung und Umweltschutz ein. 2021 nutzte Patagonia den Black Friday, der von Firmen normalerweise für deren Jahresendspurt genutzt wird, um zehn Millionen Dollar für Klima-NGOs zu fundraisen. Zu guter Letzt bekommen Firmen, die die Fragen »Warum gibt es uns eigentlich, was leistet unser Unternehmen für die Gesellschaft, was ist das Besondere, was ist das Einzigartige?« beantworten können, bessere Mitarbeitende – angesichts des immer stärker werdenden *war for talents* nicht unwichtig. Und vergessen wir nicht, dass gerade für Investor:innen wie BlackRock Folgendes relevanter wird: Unternehmen mit Sinn und progressiven Richtlinien in puncto Umwelt, Gleichberechtigung und Diversity gelten als wesentlich resilienter, innovativer und damit investitionssicherer – nicht zuletzt, weil negative Presse und damit einhergehend Reputationsschäden unwahrscheinlicher sind.

Auch in unserer Arbeit merken wir, wie stark sich das Blatt wendet. Unterstützten meine Mitgründer:innen Katherin Kirschenmann und Rouven Steinfeld jahrelang viele soziale Start-ups, die großen Herausforderungen unserer Zeit zu bewältigen, begleiten sie nun hauptsächlich CEOs, gute Vorsätze in die Tat umzusetzen und Zukunft zu gestalten. Auch wenn man das Engagement kritisch sehen möchte oder einem der Wandel zu langsam voranschreitet,

Teil der Lösung zu sein, macht mehr Spaß, als Teil des Problems zu bleiben.

Nachhaltigkeit und Purpose sind die neuen Erfolgsgaranten.

unstrittig ist: CEOs sind gerade in den letzten zwei bis drei Jahren um einiges mutiger und engagierter geworden, was etwa die Klimaziele betrifft. Und zusammen mit Initiativen und Organisationen verändern sie – gewollt oder ungewollt – unser Verständnis von Wirtschaft.

Und noch ein schönes Beispiel: Kurz bevor Paul Polman freiwillig als Vorstandsvorsitzender von Unilever zurücktrat, stand ich bei einer Veranstaltung mit ihm zusammen. Der Holländer gilt für viele als einer der bekanntesten CEOs, wenn es darum geht, für die Wichtigkeit von Non-Financial Targets zu argumentieren. Ich fragte ihn, was er am jetzigen System ändern würde, wenn er einen Wunsch frei hätte. Seine Antwort: Nicht mehr alle drei Monate an die Shareholder berichten zu müssen, da die enge Taktung der Quartalsreports wichtige Investments in puncto Innovation, Nachhaltigkeit oder Soziales fast unmöglich mache. Und in seinen Augen »das einzig akzeptable Wachstum ein integratives Wachstum sein kann mit Gerechtigkeit, Würde und Respekt für alle«.

Auch Polmans Antwort zeigt, wie reflektiert viele Geschäftsführer:innen und Manager:innen auf ihr eigenes Unternehmen blicken und zugleich auf die Wirtschaft als Ganzes. Im Zentrum immer wieder die entscheidenden Fragen im Blick: Warum muss sich alles an kurzfristigen Gewinnen ausrichten anstatt an mittelfristigen Erfolgen? Gegenüber wem sollte ein Unternehmen Rechenschaft ablegen? Wem sollte es dienen, ja auch, wem sollte es gehören?

Ideen, wie man Unternehmen und Wirtschaft neu denken kann, kommen aus den unterschiedlichsten Lagern. Klaus Schwab, Gründer des Weltwirtschaftsforums in Davos und durchaus wirtschaftsnah, spricht von einem Paradigmenwechsel – weg vom

Shareholder- hin zum Stakeholder-Kapitalismus, also einem Kapitalismus, bei dem Firmen nicht nur gegenüber Investor:innen verpflichtet sind, sondern auch gegenüber Mitarbeitenden, Lieferant:innen, Kund:innen, der eigenen Community und der Umwelt. Die *Purpose Stiftung* mit Sitz in Berlin geht etliche Schritte weiter und hilft Unternehmen, durch »Verantwortungseigentum dauerhaft unabhängig und sinnorientiert« zu werden. Indem das Steuerrad nicht mehr in die Hände anonymer Aktionär:innen oder Investor:innen gelegt wird, sondern in die Verantwortung von Mitarbeitenden. Zudem gilt es, Unternehmensgewinne als Mittel zum Zweck und nicht als Selbstzweck zu betrachten.

Eine Organisation, die ebenfalls das Ende des Shareholder-Ansatzes fordert, ist *Benefit Corporation*. Einen der Mitgründer, Andrew Kassoy, treffe ich in einem kleinen Pub in Oxford. Im Grunde war die Idee für *B-Corps* naheliegend, sagt Andrew: Menschen denken in Zertifikaten – warum also nicht einen Zertifizierungsprozess aufsetzen, damit Firmen zeigen können, dass sie mit Purpose nicht nur Werbung machen, sondern auch dementsprechend handeln. Meldet sich ein Unternehmen an, findet eine intensive Prüfung statt, danach folgen jährliche Reports. Zuerst machten hauptsächlich kleine Social-Business-Firmen mit, mittlerweile gibt es weltweit 3600 zertifizierte B-Corporations, neben Patagonia, Einhorn, Ecosia, Sympatex und Weleda – erwartbar – auch Danone North America mit seinem Tochterunternehmen Happy Family (Organic Baby Food Company), Unilever mit Ben & Jerry's (Speiseeishersteller) sowie Procter & Gamble mit New Chapter (Vitamine und Nahrungsergänzungsmittel). Der Vorteil: In Zeiten, in denen sich bald schon jedes Mineralölunternehmen als neuer Weltenretter präsentieren möchte, sorgen Andrew und sein Team für die richtige Ausleuchtung. Kann man den Aussagen Glauben schenken oder nicht?

Auch Katherin und Rouven von *The DO* werden nicht müde zu betonen: Sich mit Purpose zu beschäftigen, ist weit mehr als die Aktivitäten im Rahmen von Corporate Social Responsibility (CRS). Es geht darum, erfolgreich den Übergang zu gestalten, sowohl was die eigenen Produkte und Dienstleistungen betrifft als auch die gesamte Kultur. Nicht zuletzt, weil Effizienzdenken nicht genug Kreativität erzeugt, um dem Wandel standzuhalten beziehungsweise ihn mitzugestalten – und sich Organisationen mehr und mehr als Bewegung begreifen müssen, die sich ständig verändert und zur Orientierung Sinn benötigt. Das Verständnis ist da, so die beiden – und auch die Geschwindigkeit geht allmählich nach oben. Weil niemand zur Nachhut gehören möchte. Oder wie es eine befreundete Vorständin formuliert: »Es macht sehr viel mehr Spaß, vorneweg zu gehen, als der Konkurrenz hinterherzurennen.«

Vielleicht denkst du jetzt: Langsam beginnt mich dieses Buch zu überzeugen. Aber warum lese ich so wenig über die Neue Welt in den Medien? Oder warum ist meine Organisation noch nicht so weit? Es würde mich freuen, wenn du dich in diesem Fall bei mir melden möchtest. Ich rede a) gerne mit deinen Vorgesetzten und Koleg:innen und ich kann mit ihnen b) gerne über die Neue Welt diskutieren. Egal wie, ich unterstütze gerne, wo ich kann. Nur im Moment muss ich weiter zu meinem nächsten Halt. Vom großen Gedanken wieder in das Paradies der kleinen Schritte.

DIE NEUE WELT …

LEBT LOKAL

ICH TELEFONIERE MIT EINEM FREUND. Ein ehemaliger Fußballprofi, oft im Rampenlicht, männlich, tough. Wir tauschen uns aus, ob alle Familienmitglieder gesund durch die Pandemie kommen und womit wir beide die Zeit während des Lockdowns verbracht haben. Sieben Wochen wurde das Land vorübergehend lahmgelegt und die Menschen durften ihr Zuhause nur in dringenden Fällen verlassen. Mein Freund startet den Videochat und nimmt mich mit in seinen Garten. Jahrelang standen darin vor allem kleine Fußballtore, jetzt deutet er voller Stolz auf ein paar Tomatenpflanzen und sagt: »Schau, ich habe einen Gemüsegarten bei uns angelegt.«

Wirklich überrascht bin ich nicht. Rund um die Welt haben Menschen angefangen, Gemüse auf ihrem Balkon und in ihrem (Schreber-)Garten zu ziehen, Sauerteigbrot aus heimischen Mehlsorten zu backen. Viele während der Pandemie – viele aber auch schon davor. In der Neuen Welt, ich habe es bereits kurz auf unserer Reise zu Jane erwähnt, versuchen immer mehr Menschen, eine intensivere Beziehung zur Natur aufzubauen. Einen Weg zu finden, in einer globalisierten Welt wieder lokal(er) zu leben. Nicht nur, weil darin *eine* Antwort auf die Klimakrise und wirtschaftlichen Herausforderungen liegt. Sondern auch, weil das Potenzial geweckt wird, gesünder und glücklicher zu leben.

Einer der besten Protagonisten dafür ist Seth Tabatznik. Vor zwei Jahren habe ich ihn auf *42 Acres* besucht, seinem wunderschönen Landgut für regenerative Landwirtschaft und Retreats, etwa 180 Kilometer von London entfernt. Zusammen mit seinem Vater Tony machten wir uns eingehüllt in dicke Regenjacken und Wellies an den Füßen auf die Suche nach Bibern, die sich entlang des Bachs und am Seeufer eingenistet haben. Als wir tatsächlich zwei Nager im Wasser entdecken, grinsen wir wie verrückt, und mein

Ausflug hat sich für mich doppelt gelohnt. Für Seth ist *42 Acres* ein *Testbed* für eine Frage, mit der er sich seit über einem Jahrzehnt beschäftigt: Kann ein lokales Leben gelingen und wie weit kann man diesen Lebensstil treiben – ohne als Eremit:in aus der globalen Welt herauszufallen und sich nur noch in Verzicht zu üben?

» Manchmal sollten wir einfach mal spazieren gehen und den Bäumen vor der Tür Hallo sagen. Sie wissen nämlich besser als irgendjemand sonst, was lokal leben bedeutet.

SETH TABATZNIK

Bei Seth fing die Reise zurück zur Natur mit der eigenen Gesundheit an. Er hatte Magenprobleme und vertrug plötzlich eine ganze Reihe an Lebensmitteln nicht mehr. Er versuchte, etwas über die Ursachen seiner Probleme herauszufinden, und blieb irgendwann an den Themen »Boden« und »Landwirtschaft« hängen. »Wenn wir die Erde mit Gift behandeln«, so Seth, »damit Tomaten, Gurken, Kartoffeln schneller wachsen, dann landet über die Pflanzen das Gift auch in unserem Körper.« Und: »Wir leben in einer globalisierten Welt, doch im Grunde können wir nur die Realität um uns herum wirklich wahrnehmen. Und diese Realität, dieses lokale Leben, ist inzwischen aufgrund industrieller Landwirtschaft und globalisierter Agrarmärkte künstlich.« Da ist der Supermarkt, der uns zwölf Monate im Jahr die gleichen Früchte anbietet. Da sind die Kinder, die jeden Tag Milch aus Pappkartons trinken, aber nicht mehr wissen, wo sie herkommt. Seth beschäftigte sich mit den verschiedenen Phasen der Globalisierung und der Art und Weise, wie unsere Vorfahren die längste Zeit der Menschheitsgeschichte überwiegend lokal gelebt haben. Mit Wertschöpfungsketten und der Frage, warum sie inzwischen so fragil geworden sind, dass allein aufgrund eines feststeckenden Containerschiffs im Suezkanal unsere Supermärkte nicht mehr so voll sind.

Kurzum: Er wollte den Zusammenhängen zwischen globalem Lebenswandel und Gesundheits- beziehungsweise Umweltkrise auf die Spur kommen. Und nicht zuletzt dem Aspekt der sozialen Ungleichheit. Laut Zahlen der Annie-E.-Casey-Stiftung leben in den USA fast 40 Millionen Menschen (12,8 Prozent) in sogenannten »Food Deserts«, also in Gebieten, in denen sie kaum bis keine Möglichkeiten haben, erschwingliche und gesunde Lebensmittel wie frisches Obst und Gemüse zu kaufen. Überproportional sind Landstriche mit geringer Bevölkerungsdichte und hoher Arbeitslosigkeit betroffen, aber auch städtische Gemeinden, in denen viele Menschen mit afrikanischer und afro-diasporischer Herkunft leben.

Seth ist nicht dogmatisch. Dennoch kommen wir öfter auf das Thema zu sprechen, warum er sich so intensiv mit einem lokalen Lebensstil beschäftigt. Er lacht dann immer und sagt, schon aus Eigennutz: »Ich möchte gesund sein. Ich möchte gut essen. Und ich möchte Freunde um mich herum haben, eine Gemeinschaft pflegen. All das ermöglicht mir ein bewussteres, lokaleres Leben.« Es geht Seth nicht darum, Abstinenz zu predigen, Globalisierung grundsätzlich zu verteufeln oder zurückzudrehen. Sondern um einen neuen Fokus in den Blick zu nehmen: Was funktioniert lokal einfach besser? Und wie viel Lebensqualität gewinnen wir hinzu, wenn wir ein bisschen an der einen oder anderen Gewohnheitsschraube drehen?

42 Acres versucht mit regenerativer Landwirtschaft, seine Gäste, die für Seminare oder Konferenzen kommen, so gut wie möglich mit selbst angebautem Gemüse und Obst zu verköstigen. Aber es gibt auch Tee, Kaffee und Gewürze. »Die gibt es in England nicht«, sagt Seth, »und ich freue mich, dass ich sie hier kaufen kann. Aber Kartoffeln oder Erdbeeren muss ich nicht zu jeder Jahreszeit im Supermarkt kaufen können, die vorher per Schiff oder Flieger über Tausende von Kilometern zu uns gebracht wurden.« Aus seiner Sicht hat fast jedes Land das Potenzial, eigenständig Gemüse, Getreide und Früchte lokal und saisonal anzubauen, »darauf möchte ich mich wieder besinnen – und die Fruchtfolge, die Saisonalität, die Abwechslung als Bereicherung sehen«.

Letztlich geht es um ein pragmatisches Bewusstsein, das es einem erlaubt, offen und informiert darüber nachzudenken, in welchen Bereichen das industrialisierte Lebensmittelsystem keinen (großen) Sinn für uns Menschen ergibt, weder für die Wirtschaft noch für Gesundheit oder Umwelt. Seit einigen Jahren unterstützen und investieren Seth und ich deshalb auch in Start-ups und Unternehmen, die sich für alternative Lösungen einsetzen. Ein Beispiel sind die *Belltown Farms*, die in den USA große Flächen von konventionellem Ackerland aufkaufen und dann für den Anbau von Biolebensmitteln nach regenerativen Prinzipien neu bewirtschaften. Ein anderes Beispiel ist *SPRK.global* aus Berlin, das mithilfe von Technologie und künstlicher Intelligenz Lebensmittelüberschüsse entlang der Lieferkette frühzeitig erkennen und schnell umverteilen will. Ein drittes Beispiel ist *Green in Blue* aus dem spanischen Vilassar del Mar, das mit seinem Aquaponik-System versucht, eine Antwort auf die Frage zu geben: Wie können wir in Zukunft gut neun Milliarden Menschen bei gleichzeitiger Degradierung unserer Böden und zunehmender Wasserknappheit ernähren? Bei dem Verfahren wird die Aufzucht von Fischen (Aquakultur) mit dem Anbau von Pflanzen (Hydroponik) in einem geschlossenen Kreislauf kombiniert. Für viele ein gutes

Konzept, um regionale Landwirtschaft im städtischen Raum ressourcen- und flächeneffizient zu betreiben.

Keines der Investments wird von heute auf morgen Früchte tragen – dennoch halten wir an dem Ansatz fest. Weil wir daran glauben, dass sich Geduld und Zuversicht auszahlen werden und alternative Food-Modelle sowohl die Branche als auch die Gewohnheiten von Kund:innen verändern werden. Die Kooperative *Hansalim* in Korea hat den Beweis bereits erbracht. Was 1986 als Zusammenschluss lokaler Bauern angefangen hat, ist heute weltweit die größte Kooperative und versorgt mit ihren gut 2000 Bauernhöfen jede Woche um die zwei Millionen Menschen rund um Goesan und Seoul mit frischen, ökologisch angebauten Lebensmitteln. Dafür sichern die Kund:innen das Jahreseinkommen der Produzent:innen – ein Gewinn für beide Seiten gleichermaßen.

Seth weiß, dass er in einer Blase lebt. Und wir noch lange nicht von einem allgemeinen Wandel in Richtung »regional« sprechen können. Doch die Blase zieht immer mehr Menschen an. Denn je stärker die Schattenseiten unserer intensiven, globalen Wirtschaftsweise zutage treten, ihre Zerstörungskraft und Volatilität zugleich, desto mehr werden wir uns den Sonnenseiten einer regionalen (Land-)Wirtschaft mit lokalem Anbau, lokalem Essen und lokalen Gemeinschaften zuwenden.

Es gibt viele Indizien, die dafür sprechen. Etwa die steigenden Grundstückspreise im Umland von Großstädten, weil Menschen, die es sich leisten können, der Stadt den Rücken kehren und aufs Land ziehen. Oder die steigende Anzahl an Studien, die die mitunter höhere Effizienz kleiner Farmen im Vergleich zu industriellen Agrarfirmen belegen. Oder die Versuche, das Know-how indigener

Die Welt wird kleiner.

Immer mehr Produkte
und Dienstleistungen
kommen aus
deiner Region.

Knüpfe enge
Beziehungen zu
Menschen
und Lebensmitteln
in der Nähe.

Völker über (Heil-)Pflanzen vor dem Vergessen zu bewahren – ein Wettlauf gegen die Zeit, denn mit Aussterben der Sprachen stirbt auch das Wissen. Das Faszinierende: So unterschiedlich die Themen auch sind, sie alle stehen miteinander in Beziehung – und nur ein ganzheitlicher Ansatz wird uns helfen, unser Food-System nachhaltiger zu gestalten. Ohne dabei Gefahr zu laufen, alle Errungenschaften der vergangenen Jahrzehnte über Bord zu werfen. Es gilt, eine gute, sinnvolle Kombination zu finden. Die richtige Balance.

Seth spürt das an sich selbst: »Das Internet ist etwas Außergewöhnliches, aber müssen wir den ganzen Tag in der virtuellen Welt verbringen? Fernreisen sind ein Geschenk, aber sollten wir nicht seltener und dafür länger reisen, um uns auf die Menschen dort einzulassen? Kontakte zu Menschen auf der ganzen Welt bereichern unser Leben, aber kennen wir eigentlich die Menschen, die mit uns im Haus leben?«

Vielleicht denkst du dir jetzt, wie ungerecht es sei, dass unsere Elterngeneration in ihren jungen Jahren ungestört und ungezügelt um die Welt reisen konnte. Geschweige denn von den Lebensmitteln, die wie selbstverständlich auf den Feiertagstischen landeten: Fleisch aus Argentinien, Meeresfrüchte aus dem Pazifik, Ananas aus Costa Rica. Sollen wir jetzt die Suppe auslöffeln, uns be- und einschränken, weil vorherige Generationen es ökologisch und sozial über Jahrzehnte vergeigt haben? Ja, ich verstehe diese Kritik der X-, Y- und Z-Generation. Aber ganz ehrlich: Das ist Vergangenheit. Und wir übersehen dabei, dass wir jetzt erstmalig die Chance haben, ein gutes Mittelmaß zu finden. Zwischen unserem lokalen Leben zu Hause und der Möglichkeit, die Welt, ihre Menschen, Städte und Landschaften kennenzulernen. Ich bin sicher, das macht langfristig glücklicher als der schnelle Konsum »exotischer« Produkte und Reisen (auf die auch in Zukunft keiner gänzlich verzichten muss).

Aber wie passt das lokale Leben mit den Verstrickungen unserer weltweiten Lieferketten zusammen – wie funktioniert die lokal-globale Wirtschaft? Ich will besser verstehen, wo die Chancen liegen, und beginne weit weg von zu Hause, in Rio de Janeiro.

DIE NEUE WELT …

HAT EINE ANDERE LOGISTIK

SCHWEISS LÄUFT MIR ÜBERS GESICHT, mein T-Shirt klebt auf meiner Haut. Doch die Anstrengung hat sich gelohnt. Der Blick, der sich mir von hier oben bietet, ist unglaublich. Zusammen mit Thais Corral, Gründerin von *Sinal do Vale*, bin ich auf den höchsten Punkt des Reservats geklettert. Ein kleines Tal inmitten der Mata Atlântica, dem atlantischen Regenwald an der Ostküste Brasiliens. Oder besser gesagt: Was von ihm noch übrig geblieben ist. Durch Abholzung wurde die ursprüngliche Fläche extrem reduziert, und so tauchen am Horizont, hinter ein, zwei Hügeln, die ersten Häuser auf. Nur eine Autostunde ist das Naturparadies *Sinal do Vale* von Copacabana entfernt und – wie mir Thais erklärt – eines der letzten zusammenhängenden Waldgebiete in der Region von Rio de Janeiro. Thais beschützt das Reservat seit vielen Jahren und hat es zu einem Innovationszentrum für grüne Wirtschaft ausgebaut: Wie lassen sich Ökologie und Ökonomie versöhnen? Wie können Menschen im Einklang mit der Natur ihr Auskommen finden?

Wir haben uns zusammengetan, um zu überlegen, wie Sinal noch stärker positiv Einfluss nehmen kann auf die umliegenden, oft ärmeren Viertel der Stadt, die sich immer weiter in die Naturgebiete hineinschieben. Die Jugendarbeitslosigkeit in Rio liegt bei über 20 Prozent, und Thais ist überzeugt, dass eine ökologische Wirtschaft Abhilfe schaffen kann. Deshalb haben Thais und ihr Team *Madre Frutos* ins Leben gerufen, ein nachhaltiges Jackfruit-Business, das neue Jobs schafft und gleichzeitig den Regenwald schützt. Zentral für solche Produktideen ist nicht nur der Marktzugang, sondern die Logistik: Wie kommen lokale Produkte zu den Kund:innen? Wie kann man dafür sorgen, dass die Produkte pünktlich und in bester Qualität ausgeliefert werden? Gibt es Möglichkeiten, die Abläufe zu optimieren? Und welche Kosten fallen an?

Seit vielen Jahren versuche ich, Logistik und vor allem Lieferketten besser zu verstehen. Den Startpunkt dazu gab ein Meeting in den frühen 2000er-Jahren, in dem es darum ging, die Preise für Sofas und Tische zu überarbeiten, die in Asien produziert und in Europa verkauft werden. Damals hieß der Tenor: Vergiss die Lieferkette! Die Kosten sind zu vernachlässigen! Schon damals fragte ich mich: Wie kann das sein? Seitdem sind Lieferketten immer kom-

> » Jackfruchtbäume gibt es bei uns überall. Aber wir haben erst vor Kurzem verstanden, dass wir alles verarbeiten können, wenn wir die Früchte grün ernten und lokal liefern. Wir schaffen Arbeitsplätze vor Ort, Alternativen zu Fleisch und können arme Menschen mit gesundem Essen versorgen. All das durch die Fülle unserer lokalen Natur.
>
> THAIS CORRAL

plexer, facettenreicher und fragiler geworden. Und die Branche befindet sich in einem tiefgreifenden Umbruch. Nicht zuletzt durch Grenzschließungen, Nachfragerückgänge, Produktionsausfälle – ausgelöst durch die Covid-19-Pandemie. Zuletzt warnten Interessenverbände sogar vor einem Zusammenbrechen der weltweiten Lieferketten. Zugleich drängen neue digitale Transportplattformen auf den Markt, um Prozesse mithilfe von Digitalisierung und Big Data zu optimieren.

Hannes Streeck ist für mich eine gute Anlaufstelle, um das globale System besser zu verstehen. Der Manager eines weltweit operierenden Transportunternehmens beschäftigt sich seit vielen Jahren mit der Frage, wie Güter von A nach B gelangen. Bei ihm zu Hause auf seinem Sofa sitzend, erklärt er mir, dass sich das Risikobewusstsein vieler Unternehmen gerade verändert. Wurde bisher auf maximale Kosteneffizienz geachtet, sind nicht wenige Firmen gerade dabei, ihre Produktionsstätten und Lieferwege zu duplizieren. Fällt die eine aus, springt die andere ein. Einige sprechen sich deshalb dafür aus, Produktionsstätten wieder nach Europa oder in die USA zurückzuverlagern. Doch damit ist es nicht getan: Eine grundsätzliche Veränderung von Geschäftsmodellen ist im Gange. Lieferten Unternehmen bislang ihre Produkte an den Handel, gehen die Bestellungen jetzt direkt an die Kund:innen. Aus B2B wird B2C. Dadurch erhöht sich die Komplexität enorm, so Streeck, aber auch die Chance für ganz neue Lieferprozesse. Diese haben Einfluss auf alle Akteure und Akteurinnen entlang der Wertschöpfungskette ebenso wie auf die Beschaffenheit von Produkten und deren Lebenszyklen.

Den Wandel erfahren nicht nur Bewohner:innen, die im ersten Stock eines Mehrfamilienhauses wohnen und die Pakete für ihre Nachbar:innen annehmen müssen. Er zeigt sich auch in den absurd hohen Bewertungen neuer Lieferdienste, die das B2C-Geschäft vorantreiben. Das Berliner Start-up Gorillas, das mit Mikrolagern verteilt über die Stadt und per Fahrrad Haushalte innerhalb von zehn Minuten (!) mit Lebensmitteln beliefert, ist nicht einmal zwei Jahre alt und hat in einer Serie-C-Finanzierungsrunde fast eine Milliarde US-Dollar eingesammelt. Der Konkurrent entwickelte sich zum schnellsten Einhorn Deutschlands und wurde bei der letzten Investorenrunde mit 1,8 Milliarden Dollar bewertet. Doch von der neuen Logistikwelt profitieren nicht nur

Analysiere genau,
wie die Waren
zu Menschen
kommen.

Mit deiner
Kreativität
entsteht daraus die
lokale Wirtschaft
von morgen.

smarte Gründer:innen und Investor:innen in Großstädten. Landwirt:innen aus dem In- und Ausland versorgen uns mit Gemüse und Obst – ein paar Klicks mit der Maus genügen, und die Ware steht wenige Tage später vor unserer Tür. Die Nachfrageexplosion von Biokisten während der Pandemie hat es sogar in die »Tagesschau« geschafft, manche Anbieter konnten ihren Umsatz verfünffachen.

Auch Pia Heidenmark Cook beschäftigt sich mit Logistik und Lieferketten. Bis vor Kurzem war Pia Chief Sustainability Officer beim schwedischen Möbelgiganten IKEA, und seit 20 Jahren ist sie eine der bekanntesten Stimmen, wenn es um die nachhaltige Transformation von großen Unternehmen geht – Lieferketten sind dabei von zentraler Bedeutung. Ich erzähle ihr von meinem Besuch bei Hannes und seinem neuesten Projekt, mit dem er mittels Daten und Datenanalyse den CO_2-Fußabdruck eines jeden gelieferten Produkts bestimmen kann. Damit würde ich als Kunde zum ersten Mal erfahren, wie viel Treibhausgase die Lieferung meiner Zahnpasta benötigt. Für Pia eine wichtige Sache, um die Sensibilität zu erhöhen und auch klügere Kaufentscheidungen treffen zu können. Doch für sie wird die Veränderung noch weiter gehen. Wenn es die Technik erlaubt, holen 3-D-Drucker die Produktionsstätten in lokale Montagezentren und Hubs zurück. »Dann wird ein Tisch, Teppich oder Vorhang, entworfen von einem schwedischen Designer, nicht mehr in der Ferne produziert, sondern bei dir um die Ecke.«

Für eine zeitgemäße und zukunftsfähige Logistik ist aber nicht nur die »Auslieferung« relevant. Wie mir ein Manager in Köln erklärt. Seit mehr als 20 Jahren arbeitet der Innovationsspezialist in der Chemieindustrie, davon viele Jahre in China im Bereich Innovation, Nachhaltigkeit und Kreislaufwirtschaft. Die Suche nach

Alternativen zu Öl oder die Recyclingfähigkeit von Ressourcen hängt in hohem Maße von der Chemieindustrie ab und der Frage, wie Produkte zurückgeführt werden können in einen – am besten niemals endenden – Materialkreislauf.

Schon heute wäre es technisch möglich, eine Matratze zu schäumen, sie in den Verkauf zu bringen, nach dem Gebrauch zu zersetzen und aus dem gewonnenen Rohstoff dann eine neue Matratze zu schäumen. »Das Problem ist jedoch, dass noch nicht genügend Matratzen ihren Weg zurück in die Lieferkette finden. Genauso wenig wie Turnschuhe und andere Kunststoffprodukte.« Um den Kreislauf zu schließen, braucht es eine ausgeklügelte Logistik. Ein Beispiel für ein ökologisches Geschäftsmodell, das mit seiner Rückhollogistik steht und fällt, ist *Tagaddod* (wenn auch nicht im Sinne einer echten Kreislaufwirtschaft – bei der aus einem T-Shirt wieder ein T-Shirt oder aus einem Stuhl wieder ein Stuhl wird –, sondern im Sinne von Recycling). Das ägyptische Start-up stellt Biodiesel aus altem Speiseöl her. Dafür klappert es im großen Stil Restaurants, Betriebe und private Haushalte ab, die es sonst entsorgen müssten. Familien bekommen als Gegenleistung sogar neues Speiseöl.

Vielleicht denkst du jetzt, welcher gigantische Ressourcenverbrauch heute in der weltweiten Logistik von Produkten und Dienstleistungen angefeuert wird. Und vor allem, auf welche Kosten das geht. Und wie ganz nebenbei ein neues Prekariat an Mindestlohnlieferanten entsteht, die die Waren in Minutenschnelle zu den Besteller:innen in den Großstädten bringen müssen. Ich kann dich verstehen. Aber zugleich wachsen neue Netzwerke heran, die viel persönlicher sind und Landwirt:innen, Fahrradlieferant:innen und Konsument:innen miteinander in Kontakt bringen. Wie entwickeln wir das weiter? Bei dieser Frage wird klar, dass es eigentlich darum gehen muss, neue Gemeinschaften zu bauen. Aber wie entstehen sie? Und vor allem: Was macht sie stark und krisenfest? Bei diesen Fragen kommen mir gleich mehrere Communitys in den Sinn. Eine davon in Ägypten.

DIE NEUE WELT...

LEBT GEMEIN-SCHAFT NEU

NACH ZEHN MINUTEN FUSSWEG über sandige Wege im Dschungel sieht man die goldene Kugel in der Sonne glänzen. Auf dem rot gepflasterten Platz sitzen Menschen aus aller Welt, um Matrimandir – den Tempel der Mutter – zu bestaunen. Das Zentralgebäude von Auroville ist ein Ort der Konzentration. Sowohl für Besucher:innen als auch für Bewohner:innen der »universellen Stadt«, in der Nation, Geschlecht und Religion keine Rolle spielen und die Beziehung zwischen den Menschen nicht auf Wettbewerb, sondern auf Zusammenhalt fußen soll. Die Idee für Auroville hatte der indische Philosoph Sri Aurobindo und wurde nach seinem Tod von seiner langjährigen Vertrauten Mirra Alfassa im Süden von Indien, in der Nähe von Puducherry, verwirklicht. In den 50er- und 60er-Jahren zog Auroville vor allem Menschen aus aller Welt an, die dem Konstrukt »nationale Identität« (nicht zuletzt aufgrund der Erfahrungen aus dem Zweiten Weltkrieg) kritisch gegenüberstanden und dieses überwinden wollten. Es ist faszinierend zu sehen, was aus einem ehemaligen Hüttendorf auf staubtrockenem Boden innerhalb von 50 Jahren geworden ist: eine grüne Stadt mit vielen verschiedenen Siedlungen für gut 3000 Menschen aus 50 Nationen – inklusive Kindergarten, Schule und Gesundheitszentrum. Und doch erscheint mir das Leben hier sehr weit weg von meiner eigenen Lebensrealität zu sein – dabei ist Community eines *der* zentralen Dinge, nach denen sich viele Menschen in der Neuen Welt sehnen.

Einer der Expert:innen für Gemeinschaften ist für mich Helmy Abouleish, Leiter des weltweit bekannten, agrarökologischen Projekts *Sekem* (übersetzt: lebensspendende Sonnenkraft). Sein Vater Ibrahim studierte Technische Chemie in Graz, zog jedoch 1977 zurück nach Ägypten, nachdem er auf einer Reise die vielen Probleme seines Heimatlandes gesehen hat: zu viele Kinder, die nicht zur Schule gehen, zu wenige Menschen, die lesen und schreiben können, eine Landwirtschaft, die die wenigen nutzbaren Flächen entlang des Nils auslaugt. 60 Kilometer von Kairo entfernt kaufte er 70 Hektar Ödland mit dem Ziel, den Wüstenboden mit biodynamischen Methoden zum Leben zu erwecken. »Mission Impossible«, sagt Helmy heute dazu und lacht. Was damals nach einer verrückten Vision klang, funktioniert heute. Auf den Ackerflächen, unterteilt in 700 mal 700 Meter kleine Parzellen, gedeihen Gemüse, Heilpflanzen und sogar Baumwolle. Die meisten Agrarprodukte werden direkt auf der Farm verarbeitet und sowohl in Ägypten als auch in Europa vertrieben.

» Mit *Sekem* bewirke ich viel mehr in der Welt, wie wenn ich versucht hätte, das große Rad der Politik zu drehen. Ich glaube auch nicht, dass Politiker allein die Veränderung bewirken können, dafür braucht es gesellschaftlich orientierte und soziale Unternehmer.

HELMY ABOULEISH

Die Gewinne fließen in soziale Einrichtungen, auf dem Gelände befinden sich ein Kindergarten sowie eine Schule für die Kinder der Arbeiter:innen, wer eine Lehre anstrebt, kann sich zum oder zur Elektriker:in, Installateur:in oder Näher:in ausbilden lassen, wer studieren möchte, die *Sekem*-Akademie für Wissenschaft und angewandte Künste in Kairo besuchen. Inzwischen versteht sich *Sekem* als Konglomerat aus den verschiedensten Initiativen, die Ökologie, Wirtschaft und Gesellschaft als gleich wichtig erachten. Eine Gesellschaft, in der sich ein:e jede:r gemäß dem eigenen Potenzial einbringen und entfalten darf, weil der Konsens besteht: Gemeinsam ist viel mehr möglich als allein. Bis heute ist das Interesse, Teil von *Sekem* zu sein, ungebrochen. Bei unserem letzten Gespräch erzählte Helmy, dass er gar nicht alle Menschen aufnehmen kann, die sich bei ihm bewerben. Es gibt eine Warteliste.

Helmys Eindruck deckt sich mit meinem: Viele Menschen in der Neuen Welt sind auf der Suche nach Gemeinschaft und würden ihre Wohnung im Hochhaus einer großen Stadt, nicht wissend, wer links oder rechts neben ihnen wohnt, lieber heute als morgen verlassen. Start-ups haben dieses Bedürfnis längst erkannt und wollen mit ihren Plattformen wie *MyPeople* in den USA ihren Nutzer:innen helfen, in nur wenigen Schritten Initiator:in einer eigenen Community zu werden. Auch die nach wie vor gute Bewertung von Co-Working-Anbietern ist darauf zurückzuführen, dass Menschen lieber gemeinsam statt einsam sind. Oder der Erfolg von Co-Living, bei dem man sich monatsweise in WGs einmieten kann. Überall entstehen gerade mehr Möglichkeiten, Gemeinschaft vorübergehend oder für länger zu erleben.

2021, nach dem Lockdown, bin ich nach Ibiza gereist. Ich kenne die Insel gut, einen Teil meiner Kindheit habe ich dort verbracht. Einen Abend verbringe ich bei Bekannten, doch wir sind nicht allein. An einer langen Tafel sitzen 20 Gäste zum Potluck – eigentlich eine US-amerikanische Tradition, bei der jeder etwas zum gemeinsamen Essen beisteuert. Darunter eine leitende Mitarbeiterin vom Kinderhilfswerk der Vereinten Nationen (UNICEF) aus NYC, ein Geschäftsführer eines Solarunternehmens aus England und die Managerin einer Restaurantkette für veganes Fast Food mit Sitz in Dubai. Ich geselle mich zu der Gruppe und erfahre, dass ihre Mitglieder eine Hälfte des Jahres auf Ibiza leben – verteilt auf ein paar Bauernhäuser –, die andere Hälfte in ihren eigentlichen Heimatländern. Ein Kontinuum aus sich treffen und wieder auseinandergehen. Mein Bekannter und Gastgeber des Abends vermietet in seinem Haus selbst zwei kleine Apartments. Nicht weil er finanziell muss, sondern um spannende Menschen kennenzulernen und mit ihnen gemeinsam etwas zu unternehmen.

Covid-19 hat diese Dynamik massiv befeuert, denn wenn man von zu Hause aus arbeiten muss, kann zu Hause überall sein. Die UNICEF-Mitarbeiterin erzählt mir, dass sie zur NYC-Zeit arbeitet, denn dort ist ihr Büro, sprich von mittags bis spätabends sitzt sie vor ihrem Computer, dafür hat sie die Vormittage für sich. Wenn sie nicht hier auf Ibiza oder in New York ist, schließt sie sich anderen Gemeinschaften an. Zuletzt hat sie ein paar Monate mit einer Gruppe in Mexiko verbracht. Die einzige Einschränkung für diese Art des Zusammenlebens und Arbeitens scheinen Kinder zu sein, die in die Schule gehen. Zumindest wenn man sie nicht dauerhaft zu Hause unterrichten möchte – allerdings verzeichnete Homeschooling bereits vor der Pandemie steigende Zahlen.

Helmy und ich sprechen über den Thinktank »Regenerative Städte« des World Future Councils, der sich der Frage widmet, wie Städte als ökonomisches und zugleich ökologisches System verstanden werden können. Mit Blick auf seine eigene Gemeinschaft *Sekem* ist Helmy überzeugt, dass unser liberales, individualistisches Lebenskonzept langfristig weder inspirierend noch erfüllend ist und uns in Zeiten wie diesen nicht schützt. In einer Welt im Umbruch reicht es nicht, sich lediglich in Toleranz zu üben und brav nebeneinander her zu leben. Es braucht (wieder) engere (Ver-)Bindungen. Wobei Gemeinschaften nicht funktionieren, wenn sie transaktional sind, also nur um ein Thema kreisen oder nur ein Ziel vor Augen haben. Erfolg – darin sind Helmy und ich uns einig – haben vor allem »intentional communities«, also Gemeinschaften, die eine ganzheitliche Vision definieren und diese dann mit den unterschiedlichsten Menschen zu realisieren versuchen. Ein Beispiel ist das *Global Ecovillage Network* (*GEN*), ein Dachverband, dem inzwischen mehr als 10 000 Dörfer und Gemeinschaften angehören, die Antworten auf die Fragen unserer Zeit suchen: Wie wollen wir leben? Welchen Beitrag können wir leisten, um beispielsweise dem Klimawandel zu begegnen? Wie schaffen wir eine Kultur des Vertrauens und der gegenseitigen Unterstützung? Oder die *Transition-Town-Initiative*, entstanden 2006 in England, um Dörfer und Städte auf ihrem Weg zu einer nachhaltigen ölfreien Wirtschaft zu verhelfen. Heute, 16 Jahre später, gibt es bereits mehr als 400 anerkannte Städte. »Die Zahl an intentionalen Gemeinschaften nimmt weltweit zu«, sagt Helmy. Er selbst denkt darüber nach, wie man die Lehren aus den vergangenen 40 Jahren *Sekem* skalieren kann, um Bauern weltweit zu helfen, Kindern eine (Aus-)Bildung zukommen zu lassen und eine Landwirtschaft aufzubauen, von der alle gleichermaßen profitieren. Natur, Tiere, Menschen.

Welchen Rat Helmy für Menschen hat, die ebenfalls eine Gemeinschaft aufbauen möchten? Die Basis ist echtes Interesse, wenn nicht gar Liebe für andere Menschen. Nur dann kann sich eine gemeinsame, ganzheitliche Vision für die Zukunft entwickeln, an der alle mitbauen wollen. Und: Eine Gemeinschaft gleicht einem Innovationszentrum, das Einflüsse von außen aufnimmt und sich von innen heraus ständig weiterentwickelt. Es kann keinen Zielzustand geben, sondern nur einen offenen und optimistischen Blick in die Zukunft. Oder mit den Worten Helmys gesprochen: »Tolle Gemeinschaften sind wie gute Landebahnen, auf denen Menschen und Initiativen aufsetzen können, um zusammen Zukunft zu gestalten.«

Vielleicht denkst du jetzt, dass solche Communitys sich nur abgrenzen wollen, um nicht mehr am großen Weltuntergang

Suche oder baue
mit anderen deine
Community of Life.

Bewältigt das
tägliche
Leben gemeinsam.

Du wirst sehen,
es wird
dich bereichern.

teilnehmen zu müssen. Sektierer:innen, die sich vom moralisch-ethischen Untergang freisprechen wollen. Und dass du mehr Sinn darin siehst, in der Mitte der Normalität etwas zu bewirken. Du willst nicht davonlaufen, sondern mittendrin mitwirken, im unmittelbaren Kontakt mit den Höhen und Tiefen der Zeit. Der Marsch durch die Institutionen ist dir wichtiger als ein Leben mit Weltverbesser:innen auf ihren Inseln der Wahrheit. Doch glaube mir, die Welt ist nicht mehr schwarz-weiß und in wichtige oder unwichtige Einfluss- und Bedeutungszonen eingeteilt. Sie ist bunt, schillernd und voller Möglichkeitsräume, die man gemeinsam nutzen kann. Nicht abseits von Wirtschaft und Gesellschaft, sondern mittendrin. Mit Einstiegsangeboten für die Sinnstiftungen von morgen.

Nur in eine Falle darf man nicht tappen. Eine funktionierende Gemeinschaft darf nicht mit einer Echokammer verwechselt werden, bei der es nur darum geht, dass alle die gleiche Meinung haben. Denn in der Neuen Welt ist die Diversität von Erfahrungen und Überzeugungen überlebenswichtig. Warum, zeigt uns Katherin. Es geht zurück nach New York.

DIE NEUE WELT …

VERLÄSST DIE BLASE

ES IST HALB ACHT UHR MORGENS. Auf der Straße wartet eine überdimensionierte Limousine, um Katherin Kirschenmann für ein Live-Interview zum Fernsehstudio von CNBC zu fahren. Eine von ihr geleitete Gruppe aus 20 jungen Unternehmer:innen aus der ganzen Welt hatte wenige Tage zuvor eine Lösung für ein Problem vorgestellt, das bis dato als unlösbar galt. Allein in NYC wurden 2014 jeden Tag um die acht Millionen Einwegbecher weggeworfen. Es gab sogar eine eigene Müllabfuhr, die auf die Becher spezialisiert war. Das Ganze kostete viel Geld – und brachte nicht wirklich etwas. Mit der Folge: Das Stadtbild war vermüllt, und die eingesammelten Becher, vornehmlich aus Plastik, ließen die Deponien noch weiter anwachsen. Die Stadt schien nichts tun zu können, außer seinen Bewohner:innen hinterherzuräumen. 25 Prozent der Menschen besaßen laut Umfragen zwar wiederverwendbare Kaffeebecher – doch die Nutzungsrate lag gerade mal bei zwei Prozent. Grundsätzlich würden die Konsument:innen gerne mithelfen, aber nicht, wenn es bedeuten würde, den ganzen Tag eine Thermoskanne mit sich herumtragen zu müssen. Die Convenience von Einwegbechern ist schwer zu übertreffen. Und das Thema scheint zu komplex zu sein. Doch dann hörte die Stadtregierung von Katherins damals junger Organisation, die Innovation durch Diversität gewährleisten will, und spielte ihr das Problem zu.

Im Interview erzählt Katherin, wie sich mehr als 1500 junge Unternehmer:innen aus der ganzen Welt beworben haben, um in NYC an dem Problem zu arbeiten. 20 haben sich schließlich durchgesetzt – von der Umweltaktivistin aus Vietnam bis zum Entrepreneur eines Design-Start-ups aus Brasilien – und sich in Dumbo, für zehn spannende Wochen getroffen. In Diskussionen und Workshops brachten sie ihre eigene Expertisen ein, auf mehreren Research-Touren trafen sie sich mit Expert:innen der Stadt, vom

Entsorgungsunternehmen über die New Yorker Regierung bis zu Betreiber:innen von Kaffeeketten, Architekt:innen und Materialwissenschaftler:innen. Sodass am Ende das Konzept für das wohl erste, stadtweite Cup-Sharing-System vorlag und zusammen mit einer Kaffeekette in Brooklyn als Pilot an den Start gehen konnte. Aus heutiger Sicht ist die Idee simpel: Kund:innen kaufen sich einmalig in das System ein, erhalten ihren Kaffee in einem wiederverwendbaren Becher, den sie dann in anderen teilnehmenden Kaffeebars, Stationen an U-Bahnhöfen und vielen anderen Orten zurückgegeben können. Von dort werden die Becher gesammelt, gereinigt und wieder zurück in den Kreislauf gebracht.

> » Ein gemeinsames Ziel ist der wirksamste Startpunkt, um unterschiedliche Blickpunkte in einen produktiven Diskurs und eine gemeinsame Lösung zu verwandeln.
>
> KATHERIN KIRSCHENMANN

Von New York aus ging *Good To Go* als Konzept um die Welt, heute sind solche Sharing-Systeme deutlich verbreiteter. Und doch bleibt eine Frage spannend: Warum konnte eine Gruppe aus 25- bis 35-jährigen Unternehmer:innen aus Uganda, Kanada und Sri Lanka eine Lösung entwickeln, auf die die Stadtregierung mit all ihrer Expertise nicht einmal im Ansatz kam? Die Antwort liegt in der Neuen Welt für mehr und mehr Menschen auf der Hand. Sie wissen und sind überzeugt davon: Diversität ist nicht (nur) eine Sache politischer Korrektheit, sondern ein Zeichen für Qualität und Innovationskraft. Ihr Denken, was ein gutes Team ausmacht, hat sich radikal verändert.

Wir alle wissen, was passiert, wenn wir und unsere Familienangehörigen parallel dieselben Begriffe in eine Suchmaschine tippen: Wir bekommen unterschiedliche Ergebnisse. Dahinter steht ein Thema, das unsere Gesellschaften auseinanderzureißen scheint. Wir denken, dass wir durch das Internet und soziale Medien mehr als je zuvor über die Welt wissen und dieses Wissen gerne mit Wahrheit gleichsetzen. De facto werden Informationen aber mithilfe von Algorithmen immer spezifischer auf unsere Interessen und Überzeugungen zugeschnitten. Und so wird unsere Sicht auf die Realität nicht immer weiter, sondern – im Gegenteil – immer enger. Wie die Pandemie überdeutlich gezeigt hat, ist dies nicht nur eine Gefahr für den Frieden innerhalb einer Familie oder eines Kolleg:innen-Teams, sondern auch für Demokratien.

Eines der wichtigsten Argumente für Diversität kommt ursprünglich von Militärhistorikern und heißt »Group Think«, zu Deutsch Gruppendenken. Mitglieder einer Gruppe, so das Phänomen, sind so mit ihrer internen Loyalität beschäftigt, dass sie nicht mehr in der Lage sind, Entscheidungen kritisch zu hinterfragen. Das Ergebnis sind Opportunismus und schlechte Entscheidungen. Wissenschaftler:innen führen als Beispiele für Group Think Kennedys Schweinebucht-Invasion und Bushs Offensive im Irak an – kein:e Politiker:in, kein:e Offizier:in hat gegen die Meinung des Präsidenten argumentiert. Heute weiß man, dass in guten Teams nicht nur unterschiedliche Meinungen vertreten sein müssen, es muss auch möglich, ja willkommen sein, dass diese Meinungen geäußert werden. Google beispielsweise investierte Millionen in sein Projekt »Aristotle«, um herauszufinden, was innovative und erfolgreiche Teams ausmacht. Nach der Datenauswertung kam die Studie zu dem Ergebnis: Das einzige Merkmal, das sich bei hochperformanten Teams nachweisen lässt, ist das

Suche Menschen,
die nicht so
denken wie du.

Verbrüdere dich
mit dem Fremden.

Und nutze die
Macht
diverser
Blickwinkel.

Gefühl, hier kann ich ohne Gefahr meine Meinung sagen, ich bin sicher und werde für meine Sicht der Dinge wertgeschätzt.

Für ein anderes wichtiges Argument reise ich nach München zu Peter Schwarzenbauer. Denn bei dem Thema »Diversität« geht es heute längst nicht mehr nur darum, die Performance eines Teams zu verbessern. Es geht auch darum, anzuerkennen, dass niemand (mehr) allein in sich die Expertise vereint, um komplexe Probleme lösen zu können. Peter war lange Jahre Vorstand in der Automobilindustrie, erst bei Audi, dann bei BMW. Wir sprechen darüber, dass sich besonders deutsche Firmen nur schwer eingestehen können, dass gute Ideen und Lösungen nicht immer nur von innen kommen müssen. Denn natürlich sind die Industrieunternehmen stolz auf die eigenen Fertigkeiten und Erfindungen. Doch der Wettbewerbsvorteil hängt inzwischen maßgeblich von der Kultur einer Organisation ab: Ist sie in der Lage, sich zu öffnen? Kann sie Ideen von außen zulassen und integrieren? Mit einem schicken Inkubator, Accelerator oder einem Invest in ein kleines Start-up ist es nicht getan. Ein Unternehmen muss sich heute vielmehr als ein Ökosystem verstehen und je nach Fragestellung die richtigen Menschen von intern und extern zusammenbringen, um möglichst schnell, just in time, wirklich neue Antworten entwickeln zu können – denn Geschwindigkeit ist heute ein Erfolgsfaktor, wenn nicht *der* Erfolgsfaktor schlechthin.

Katherin wird oft gefragt, wie sie es schafft, unterschiedliche Menschen zusammenzubringen? Wie hält sie diese bei Laune, angesichts von intensiven Prozessen, die iterativ ablaufen und den Menschen abverlangen, immer noch eine zusätzliche Runde zu drehen, immer noch eine Schippe draufzulegen, um der besten Lösung nahezukommen? Ihre Antwort lautet: durch Begeisterung und ein gemeinsames Ziel, dem sich alle verschreiben können, weil es einfach Sinn ergibt. Menschen finden zusammen, wenn sie Interesse haben und die Chance ergreifen wollen, gemeinsam mit anderen eine Vision Wirklichkeit werden zu lassen. Ganz gleich, ob es darum geht, im Internetzeitalter für Axel Springer das Radio neu zu erfinden, ein umweltfreundlicheres Verpackungssystem für Schuhe für H&M zu kreieren oder öffentliche Verkehrsmittel der Berliner Verkehrsbetriebe für die Paketauslieferung zu nutzen –, sobald man für ein Thema Menschen mit unterschiedlichen Blickwinkeln und Expertisen zusammenbringen kann, entsteht etwas Wertvolles. Das liegt auch daran, dass es in diesen Teams mehr um die Sache geht und weniger ums Ego. Unter Katherins Leadership sind inzwischen Dutzende neuer Produkte und Dienstleistungen auf den Markt gebracht worden – oder wie sie sagt, »haben Menschen ihre Blase verlassen, um miteinander und voneinander zu lernen und letzten Endes gemeinsam etwas zu entwickeln, das keiner von ihnen hätte alleine erschaffen können«.

Vielleicht denkst du jetzt, dass das Wissen der vielen auch nur ein begrenztes ist. Und die Pandemie gezeigt hat, dass wir nicht weniger, sondern mehr auf ausgewählte Expert:innen hören sollten. Da hast du recht. Aber auf immer mehr Herausforderungen in der Neuen Welt gibt es keine klaren Antworten mehr, die sich aus unserem Wissenskanon ableiten lassen. Sie sind neu. Und unsere Blicke darauf limitiert. In der Neuen Welt entstehen die besten Lösungen, wenn Menschen zusammenkommen, die eine Fragestellung aus unterschiedlichen Perspektiven beleuchten. Und gemeinsam Dinge entwerfen, die den Reichtum an Ideen widerspiegeln. Es gelten: Mash-up und Mix-up. Lernt voneinander. Denn Unterschiede befeuern jegliche Kreativität. Und retten womöglich die Welt.

Ich reise erneut nach London, zu einem Menschen mit echtem Weitblick. Jemandem, der sich um die Sehkraft benachteiligter Menschen kümmert. Frei nach dem Motto: Je mehr Menschen den Durchblick haben, desto mehr können auch mitarbeiten an dem großen Wurf.

DIE NEUE WELT …

IST KÜHN

ICH BIN SPÄT DRAN. Hastig melde ich mich am Eingang des ehrwürdigen Londoner Science Museum an und gehe schnellen Schrittes auf dem Weg zum Theater an alten Flugzeugen, Oldtimern und Robotern vorbei. Leise öffne ich die Saaltür und wundere mich kurz, ob ich auf der richtigen Veranstaltung bin. Dramatisches Licht umhüllt das Publikum wie bei einer Preisverleihung. Danach ein emotionaler Film und Vorträge von bekannten Wissenschaftler:innen, Unternehmer:innen und Künstler:innen. Als nach drei Stunden die Deckenbeleuchtung angeht, lasse ich meinen Blick schweifen. Keine Filmstars in aufregenden Roben sitzen auf den Plätzen um mich herum, sondern Menschen aus der Medizin, Pflege und Entwicklungshilfe. Applaus, Lachen, Stimmengewirr. Dazwischen laufen Kinder aufgeregt zur Bühne und stellen sich neben James Chen. Sichtlich beeindruckt, was ihr Vater da unter dem Titel »Clearly« (zu Deutsch Sehkraft) auf die Beine stellen will.

Seit 20 Jahren setzt sich James für Menschen ein, die nicht gut sehen können und keinerlei Zugang zu Brillen oder Augenoperationen haben – beides in der westlichen Welt Standard und auch nicht allzu teuer. Für ihn ist es das größte Problem unserer Zeit. Weil Kinder aufgrund ihres schlechten Sehvermögens nicht lernen können, später keine Arbeit finden und unweigerlich hineinrutschen in ein Leben in Armut. Nicht wenige erblinden ohne Behandlung in ihren Dreißigern oder Vierzigern. Ein absolut vermeidbares menschliches Leid.

James hat bereits in Firmen wie Adlens investiert, die Brillen mit Polycarbonatlinsen erfunden haben, deren Korrekturstärke sich stufenlos per Drehrädchen verstellen lässt. Und James hat eine NGO gegründet: *Vision for a Nation*, die sich dafür eingesetzt hat, dass jeder Mensch in Ruanda und Ghana Zugang zu augenmedizinischen Leistungen in seiner näheren Umgebung erhält. Doch das alles reicht ihm nicht. Er will mehr. Eine richtige Veränderung. Weltweit. Dafür geht er ins Risiko. James möchte helfen, sehend durchs Leben zu schreiten. Immerhin betrifft das 2,2 Milliarden (!) Menschen weltweit. Deswegen ist er heute hier und will Mitstreiter:innen gewinnen für eine Bewegung, die den gesamten Globus erfassen soll.

» Was das Risiko einer Moonshot-Expedition ist? Versagen. Ohne das Risiko, zu versagen, wären wir nie in der Lage, einen mutigen Paradigmenwechsel zu erreichen.

JAMES CHEN

Mit dem Bedürfnis, Bewegungen anzustoßen, ist James nicht allein. Je stärker die Komplexität und die Probleme zutage treten, vor denen wir stehen, umso mehr machen sich Menschen in der Neuen Welt auf den Weg, etwas zu verändern. Nicht nur wie bereits gezeigt im Kleinen (die Neue Welt ist auch widersprüchlich). Sondern in der Hoffnung, etwas ganz, ganz Großes zu bewegen. Einen »Moonshot« zu landen, einen weltbewegenden Durchbruch und Wandel.

Moonshots sind in den letzten Jahren in Verruf geraten. Weil Milliardär:innen aus dem Silicon Valley »Moonshot-Preisgelder« ausgegeben haben, um die Raumfahrt zu Mond und Mars zu revolutionieren. Auf viele Menschen wirken diese Bestrebungen abgehoben, als wolle man die Augen vor der Realität im Hier und Jetzt verschließen. Doch parallel passiert in der Neuen Welt etwas ganz Wunderbares. Immer mehr Menschen wagen sich an einen großen, irdischen Wurf, weil sie wie James nach der Devise leben: »Taking the moonshot on earth before venturing into space.« Zudem sind Moonshots nicht mehr nur eine Sache von superreichen Philanthropen – und auch nicht von hochdekorierten Erfinder:innen berühmter Universitäten, die von Stiftungen wie der XPRIZE Foundation oder Forschungseinrichtungen wie der Defense Advanced Research Projects Agency (DARPA) unterstützt werden.

Ein paar Monate später treffe ich Chris Sheldrick in New York bei einer Diskussion über die Zukunft von Mobilität wieder. Der Mitbegründer von *What3words* hatte bei James' Veranstaltung eine Rede gehalten, weil auch er etwas Grundlegendes verändern möchte. Auf den ersten Blick ein kleines Problem – das jedoch unvermutet gravierende Folgen haben kann.

Als junger Mann organisierte Chris als Bandmanager Konzerte. Nicht selten kam es vor, dass er einen Anruf mit der Nachricht bekam, dass das Equipment aus Versehen in eine andere Straße oder in ein anderes Dorf geliefert wurde – mit dem gleichen Namen zwar, aber doch kilometerweit entfernt. Oder auch nur zum falschen Eingang eines weitläufigen Konzertgebäudes. Irgendwann war es ihm zu blöd und er fing an, nach einer Lösung zu suchen, nicht nur für sich selbst.

In den meisten Ländern erfolgen Ortsangaben durch die Kombination: Straße, Hausnummer, Ort, Postleitzahl. Doch Chris erklärt mir, dass diese vier Parameter nicht ausreichend sind für die Realität unserer Welt. Denn welche Adresse hat eine Hütte in Kibera, dem weltgrößten Slum? Oder eine bewegliche Jurte

Die großen Herausforderungen beginnen gleich bei dir ums Eck.

Erfinde die Welt dort – Pars pro Toto.

in der Mongolei? Chris erzählt mir, welche Schwierigkeiten Ambulanzfahrer:innen haben, ihre Patient:innen genau zu orten. Wie viele Babys bei der Geburt sterben, weil Sanitäter:innen bei Komplikationen Mutter und Kind nicht rechtzeitig erreichen können. Kurzum: Adressen und Postleitzahlen funktionieren vielleicht noch ganz gut in den alten Stadtzentren Europas, Asiens und Amerikas, sind aber definitiv nicht mehr zeitgemäß für eine fluide Welt mit fast acht Milliarden Bewohner:innen.

What3words hat deshalb den Globus neu vermessen. Dafür rastern sie die Welt mit drei mal drei Meter großen Quadraten und versehen jedes dieser Quadrate mit drei Wörtern. So verbirgt sich der *DO*-Space in Berlin beispielsweise hinter der einmaligen Kombination »aufzeigen.getränken.besorgten«. *What3words* funktioniert überall auf der Welt, im dicht besiedelten New York wie in der weitläufigen Steppe der Mongolei. Und wenn es nach Chris geht, sollen Adressen bald Geschichte sein. Schon heute nutzen Tausende von Unternehmen, Notfalldienste und Nichtregierungsorganisationen den Dienst, um schneller, besser, effizienter zu agieren. Die meisten Navigationssysteme unserer Autos sind bereits mit den Dreiwortadressen ausgestattet, und in Ruanda bringen Drohnen damit Blutkonserven punktgenau zum Ziel.

Gut gelaunt laufe ich noch am selben Tag nur ein paar Straßenzüge zum Hauptgebäude der Vereinten Nationen und treffe dort auf eine aufgeregte Gruppe. Zusammen mit dem UN Global Compact hatte die *DO School* Firmen wie Sumitomo (Japan), Enel (Italien), Iberdrola (Spanien) und Braskem (Brasilien) herausgefordert, ganz im Sinne von Breakthrough Technologies neue Produkte oder Dienstleistungen zu erfinden, die die 17 Sustainable Development Goals voranbringen. Über ein Jahr hinweg trafen sich die Firmenteams in Cambridge, Indien, Berlin und den USA, um ihre Ideen zu entwickeln. Heute sollen die besten bei der UN-Konferenz vorgestellt werden. Als Anerkennung der Unternehmen, die bereit sind, Wirtschaft neu zu denken und einen positiven Beitrag zu leisten. Und – vielleicht noch viel wichtiger – als Anerkennung der (vor allem jungen) Mitarbeitenden, die realisieren: Auch ich kann konkret an den ganz großen Themen unserer Zeit mitarbeiten. So hat zum Beispiel das Team des italienischen Energiekonzerns Enel einen grünen Minigrid entwickelt, mit dem sich Dörfer und Städte, die bisher nicht an ein Stromnetz angeschlossen sind, nachhaltig und sicher mit Strom selbst versorgen können.

Vielleicht hört sich das für dich nicht gerade nach Rocket Science an. Doch ich will dir mit diesen Beispielen zeigen: In der Neuen Welt kann ein:e jede:r von uns auch bei einem ganz großen Wurf dabei sein. Plattformen wie *MIT Solve*, *OpenIDEO*, *UpLink* oder auch unsere *DO School* geben regelmäßig neue Challenges aus und suchen nach frischen Ideen, um im Schulterschluss Probleme von weltweiter Relevanz zu lösen. Genauso gibt es mehr und mehr Hackathons und Wettbewerbe, die allen offenstehen, die sich engagieren wollen. Sicher: Über die Qualität der Ergebnisse lässt sich manchmal streiten. Doch bevor wir das Potenzial dieser Plattformen, Initiativen, Kampagnen und Labs kleinreden, sollten wir uns bewusst machen, dass wir erst am Startpunkt einer neuen Ära stehen, einer Moonshot-Demokratisierung. Und dazu müssen möglichst viele Menschen erst einmal sensibilisiert werden: Welche großen Themen stehen an und wo kannst du einen Beitrag leisten zu einer radikalen, bahnbrechenden und weltverändernden Lösung? Manche Initiativen erreichen heute schon Millionen von Menschen und geben ihnen die Gelegenheit, sich einzubringen – sei es in Sachen Klima, Waffengewalt oder soziale Ungleichheit.

Ich reise also weiter. Erst auf die Philippinen, dann nach Washington D.C., um mit Menschen zu sprechen, die den gerade erwähnten Gedanken der Teilhabe und Inklusion auf spektakuläre Weise weiterentwickeln. Es geht um eine der großen Fragen unserer Zeit. Wie gestalten wir alle zusammen eine Gesellschaft, in der vermeintlich Schwächere und Benachteiligte gesellschaftlich, ökonomisch und kulturell integriert sind und auch wirklich die gleichen Zugänge haben?

DIE NEUE WELT …

ERMÖGLICHT TEILHABE

ALS ICH MIT RYAN GERSAVA TELEFONIERE, sehe ich auf meinem Display, wie seine Haare im Wind flattern. Ryan ist in Davao City zu Hause, eine der größeren Städte der Philippinen mit seinen mehr als 7000 Inseln und 170 verschiedenen Sprachen. Es ist Taifunzeit. Und genau dieser Taifun, der sich während unseres Calls ankündigt, wird wenige Tage später unter dem Namen Rai eine Spur der Verwüstung durchs Land ziehen. Als stärkster Tropensturm des Jahres 2021 mehr als 300 000 Menschen in die Flucht schlagen, Überschwemmungen, Sturzfluten und Erdrutsche auslösen, Häuser zerstören, Strommasten aus dem Boden reißen und neben Cebu vor allem die Nordspitze von Ryans Heimatregion Surigao del Norte treffen.

Ryan weiß aus eigener Erfahrung, dass Naturkatastrophen, die Jahr für Jahr zunehmen, vor allem arme Menschen treffen. Ihre oft selbst gezimmerten Häuser sind instabil und nicht selten informell gebaut, es fehlt an jeglicher Ressource, um die Zeit des Wiederaufbaus einigermaßen gut zu überbrücken. Von einer Gebäude- oder Krankenversicherung ganz zu schweigen. Seit Jahren beschäftigt Ryan sich mit der Frage, wie eine chancengerechte, gleichberechtigte und inklusive Gesellschaft aussehen kann. Inzwischen ist er als Gründer von *Virtualahan* nicht nur auf den Philippinen ein bekannter Mann, sondern wird auch international mit Preisen bedacht. 2016 gewann er ein *DO School* Fellowship, um seine Firma aufzubauen, 2019 wurde er zum *Ashoka* Fellow ernannt, 2020 für den Cisco Youth Leadership Award nominiert und 2021 vom *Forbes Magazine* auf die Liste »30 Under 30 Asia« gesetzt. Eine beachtliche Leistung, wenn man sich vor Augen führt, dass die Philippinen in vielen Bereichen zwar eine sehr tolerante Gesellschaft sind, aber sicherlich auch eine der wirtschaftlich ungleichsten und ungerechtesten, die ich kenne. Wer auf den Philippinen arm ist, hat wenig

Chancen auf eine gute Bildung, einen guten Beruf, ein sicheres Zuhause und soziale Absicherung.

Ryan wuchs selbst in Armut auf und erkrankte in jungen Jahren an Hepatitis B, gegen die man ihn als Kind hätte impfen können. Dennoch hat er sich durch die Schule und die Universität gekämpft. Eine unglaubliche Energieleistung. Nach seinem Abschluss bewarb er sich als medizinischer Laborant, ohne Erfolg. Denn auf den Philippinen ist es noch immer normal, dass Arbeitgeber:innen ein Gesundheitszeugnis anfordern und Menschen mit Vorerkrankungen oder Behinderungen aussortieren. Nicht unbedingt, wie mir Ryan erklärt, weil Arbeitgeber:innen diskriminierend sind, sondern weil sie Fehlzeiten und zusätzliche Kosten fürchten. Ryan startete genau deshalb *Virtualahan*, die Idee dahinter ist so einfach wie genial.

> » Bei Integration geht es im Kern um gleichen Zugang zu Chancen für alle – und nicht darum, verschiedene Gruppen gegeneinander auszuspielen.
>
> CHERYL DORSEY

Ryan trainiert und vermittelt Menschen mit Vorerkrankungen, Behinderungen oder sonstigen Beeinträchtigungen als Remote-Arbeitskräfte, zum Beispiel für den IT- und administrativen Bereich. Es geht ihm darum, Barrieren zum Arbeitsmarkt abzubauen und mehr Menschen an der digitalen Wirtschaft teilhaben zu lassen. Inzwischen gibt es zwar Gesetze, die Regierungsbehörden und Unternehmen dazu verpflichten, Menschen mit Beeinträchtigungen zu beschäftigen. Doch von der geforderten

Quote von einem Prozent pro Belegschaft ist das Land immer noch weit entfernt.

Ich begleite Ryans Weg ziemlich von Anfang an. Am spannendsten finde ich, wie er den Erfolg seines Unternehmens definiert. Nicht über Quantität (wie viele Menschen kann ich pro Monat, pro Jahr vermitteln?), sondern Qualität (wie verändert sich die Kultur innerhalb der Firmen, mit denen ich zusammenarbeite?). Denn Ryan bemerkte ziemlich schnell, dass die neuen Mitarbeitenden, hoch motiviert und loyal, die Arbeitgeber:innen zum Nach- und Umdenken brachten. Auf einmal wurde über das Thema »körperliche und psychische Gesundheit« offener gesprochen, genauso wie über »Diversität«, »Anderssein«, »Teilhabe« und »Inklusion«. Und so veränderte sich Ryans Arbeit mehr und mehr von der reinen Vermittlung in Richtung Aufklärung, Kulturarbeit und Aktivismus. Mittlerweile hilft er globalen und lokalen Firmen, ein Arbeitsumfeld zu schaffen, das mehr und mehr Teilhabe zulässt. Nicht weil sie verordnet wird, sondern um ihrer selbst willen.

Auch in Schanghai geht es darum zu erfahren, wie sehr wir von Begegnungen mit Menschen profitieren können, die vermeintlich anders sind. Zusammen mit einem CEO und seinem Managementteam besuche ich Shiyin Cai und ihren chinesischen Ableger von *Dialog im Dunkeln*. Das Konzept ist bekannt: Blinde Gastgeber:innen führen Besucher:innen durch einen lichtlosen Ausstellungsparcours und geben ihnen die Möglichkeit, eine völlig neue Welt zu entdecken. Wir nutzen das Museum heute als Meeting-Raum, um eine schwierige inhaltliche Diskussion in kompletter Dunkelheit zu führen. Schon nach wenigen Minuten verändert sich die Gruppendynamik komplett. Manager:innen, die sonst eher gegeneinander arbeiten, nehmen sich an den Händen und helfen sich gegenseitig, den Weg zu meistern.

Habe
keine
Angst.

Gleiche Chancen
für alle machen
uns alle stärker.

Und die
Neue Welt
wird größer.

Diese Erfahrung, auf andere Menschen angewiesen zu sein und sich durchaus auf sie verlassen zu können, gibt jedem Teilnehmenden zu denken. Aber nicht nur das. Seit vielen Jahren geht es dem Gründer von *Dialog im Dunkeln*, Andreas Heinecke, und seiner Partnerin Orna Cohen darum, Menschen mit Einschränkungen tolle Jobs zu geben. Und zudem, wie Andreas sagt, das Bewusstsein dafür zu schärfen, dass Blindsein, Taubsein und auch Altsein eine Lebensrealität von vielen sind, genauso vollwertig, reich und – wenn die Gesellschaft es zulässt – genauso erfüllend. Oft reicht ein Perspektivwechsel und eine Begegnung auf Augenhöhe aus, um eine Besonderheit nicht länger als Handicap, sondern als Stärke zu sehen.

Cheryl Dorsey in Washington D.C. ist eine der Ikonen der sozialen Innovationsszene und zudem CEO von *Echoing Green*, einem Fonds für die besten Sozialunternehmer:innen weltweit. Das prestigeträchtige Zweijahresprogramm unterstützt Gründer:innen nicht nur mit 250 000 Dollar, sondern auch mit einem einmaligen Netzwerk. Cheryl war, wie beispielsweise auch Michelle Obama, selber einmal *Echoing Green*-Stipendiatin und entwickelte in den 1990er-Jahren in Boston eine mobile Arztpraxis, den *Family Bus*, für Menschen ohne Zugang zu medizinischer Versorgung in den USA.

Auf wunderbar klare Art und Weise bringt sie auf den Punkt, welche Rolle Teilhabe in der Neuen Welt spielt: Es geht immer darum, mehr Chancen und mehr Möglichkeiten *für alle* zu erzielen. In der Alten Welt sind Menschen ohne vermeintliches Handicap oft überzeugt, sie würden einen Teil ihrer Privilegien verlieren, wenn Menschen mit vermeintlichem Handicap stärker gefördert werden. Ein Nullsummenspiel par excellence. Teilhabe, Integration und Inklusion zulasten von irgendjemandem oder irgendetwas. Für Cheryl ein Irrglaube, gepaart mit einer Urangst, die im Grunde jeder Form von Ausgrenzung zugrunde liegt. Dank Unternehmer:innen wie Ryan, Andreas, Orna oder den 900 *Echoing Green*-Entrepreneur:innen können wir schon heute sehen, was passiert, wenn Teile der Gesellschaft nicht gegeneinander ausgespielt werden. Neue Allianzen werden geschmiedet, neuer Wert wird geschaffen, die Basis gelegt für eine zufriedenere Gesellschaft. Durch Teilhabe wird das Kuchenstück für jeden Einzelnen nicht kleiner, sondern der Kuchen insgesamt größer, schöner, nuancenreicher.

Vielleicht warst du selbst schon einmal in einem Dialog im Dunkeln und weißt, wie eindrücklich diese Erfahrung ist. Oder machst dich für eine der vielen Kampagnen rund um die Welt stark, die Missstände aufdecken und Teilhabe für Gruppen erwirken wollen, die immer noch weit weg sind von Gleichberechtigung. Aber vielleicht denkst du auch, wie schwer gesellschaftliche Veränderung in Wirklichkeit ist, Vorurteile zu überwinden, Rollen abzulegen. Ich glaube trotzdem daran, was Cheryl vor Kurzem sagte: Dass soziale Innovationen im besten Falle eine Brücke und Einladung zu mehr Gleichberechtigung und Teilhabe sind. Und Initiativen, die unterdrückende Systeme unterwandern und Hoffnung geben, uns Wege aufzeigen, wie Wunden heilen und Menschen ihr volles Potenzial ausschöpfen können.

Unsere Reise geht langsam dem Ende entgegen. Eine Reise, die aufrufen möchte: zum Sicheinmischen und Mitmachen. Denn Geschichten zeigen uns, was möglich ist, welche Chance wir haben. Deshalb reise ich zum Abschluss noch in den Süden Kanadas, zu einer jungen Filmemacherin.

DIE NEUE WELT ...

VERSUCHT SICH IN HOFFNUNGS-VOLLEN GESCHICHTEN

EIN ABENDESSEN mit einer befreundeten Familie. Künstler, weltoffen, progressiv. Auf dem Tisch stehen Schüsseln mit herrlichen Nudeln. Die Stimmung ist ausgelassen. Bis zu später Stunde die Themen »Greta Thunberg« und »Fridays for Future« aufpoppen. Wir sind uns alle einig: Unsere Wirtschaft muss sich transformieren, dringend und so schnell wie möglich. Doch dann bricht es aus meinem Freund heraus, dass er keine Lust mehr auf diese Anschuldigungen hat. Überall, so kommt es ihm vor, werde ihm sein Lebensstil vorgeworfen. Mit Nachdruck und zu viel Aggressivität. Sein Fazit: »Bei der Klimabewegung geht es letzten Endes um einen Generationenkonflikt. Jung gegen Alt. Und wenn die Aktivist:innen erst mal nach einem Job suchen, wird sich deren Meinung wieder ändern.«

Mir geht das Gespräch nicht aus dem Kopf, auch nicht, als ich wenige Tage später mit Slater Jewell-Kemker spreche. Sie wohnt im Süden Ontarios, Kanada, und führt mich mit ihrem Computer in der Hand durch ihr selbst gebautes Tiny House. Slater ist eine junge Filmemacherin und Umweltaktivistin, und mit ihrer Kamera ist ihr etwas Außergewöhnliches gelungen. 2007, da war sie gerade mal 15 Jahre alt, nahm sie als Jugenddelegierte bei der UN-Klimakonferenz in Kyoto teil und fing an, diese und alle weiteren Verhandlungen mitsamt den dazugehörigen Protesten zu filmen. Herausgekommen ist eine sagenhafte Dokumentation über den Aufstieg der globalen Jugend-Klimabewegung, die 2020 unter dem Titel *Youth Unstoppable* in Kinos und auf diversen Streaming-Plattformen landete. Man sieht die Tumulte bei den Konferenzen in Brasilien, Dänemark und Polen. Spürt die Hoffnung, die mit Obama und Al Gore in Paris aufflackerte – und die Enttäuschung über Trump, der das Pariser Klimaabkommen aufkündigte.

Mit ihrem Film zeigt Slater, dass die Jugendbewegung nicht mit Greta Thunberg begann. In einer der ersten Szenen sieht und hört man Severn Cullis-Suzuki bereits 1992 – das Geburtsjahr von Slater – beim UN Earth Summit in Rio sagen: »You should be ashamed of yourself.« In meinem Gespräch erinnert sich Slater noch einmal, wie sie sich langsam bei den Konferenzen zurechtgefunden hat, junge Mitstreiter:innen aus der ganzen Welt kennenlernte und ihre Ansichten und Protesten mit der Zeit radikaler ausfielen. Wie die Bewegung erwachsener und effektiver wurde. Aber auch wie Freund:innen ausbrannten oder gewalttätig wur-

> »Es begeistert mich zu sehen, wie viele Menschen gemeinsam in einer Phase des kollektiven Erwachens sind.
>
> SLATER JEWELL-KEMKER

den, weil sich über viele Jahre hinweg einfach nichts verbessert hatte. »Wir wussten von den Naturkatastrophen, wir haben sie selbst gesehen und erlebt – doch vor uns standen Politiker:innen und Lobbyist:innen, die gefühlt in einer völlig anderen Realität lebten.« Slater erzählt so eindrücklich, dass man selbst über die Entfernung hinweg die große Wut, das Gefühl von Ohnmacht, die Angst vor der Zukunft und die Traurigkeit innerhalb der Szene förmlich spürt. Diese Emotionalität gepaart mit Überzeugungen und Werten scheint sich nicht mit dem Eintritt ins Berufsleben aufzulösen. Und Aggressivität zumindest zu einem gewissen Grad notwendig zu sein, um überhaupt Gehör zu finden.

Der Grund, warum ich Slater anrufe, ist jedoch nicht die Wut der Jugendbewegung. So wichtig die Proteste auch waren und noch immer sind: Der Kanadierin geht es heute nicht mehr darum, Präsident:innen und CEOs zur Rechenschaft zu ziehen. Ihnen entgegenzutreten, weil sie mit ihrer Ignoranz und ihrem Nichtstun die Zukunft nachkommender Generationen zerstören. Sie will stattdessen Geschichten der Hoffnung erzählen, weil es genau das ist, was Menschen in der Neuen Welt zunehmend benötigen. Erzählungen über Menschen, Projekte und Entwicklungen, die zeigen, wie Zukunft im besten Fall aussehen kann.

Die Wende kam für Slater 2015 bei der Pariser Klimakonferenz. Zum ersten Mal einigten sich mehr als 200 Nationen auf gemeinsame Ziele. Ohne die Jugendbewegung wäre dieser Erfolg nicht möglich gewesen, und nun, so Slater, ist es spannend zu sehen, wie die nächste Generation von Klimaaktivist:innen das Zepter übernimmt, welche Wirkung und welchen Rückhalt sie in der Gesellschaft hat – auch dank professioneller Unterstützer aus Slaters Kohorte. Veränderung wird passieren oder wie Greta Thunberg es formuliert: »Change is coming, whether you like it or not.« Und damit dieser Wandel nicht wieder ins Stocken gerät, sondern an Fahrt aufnimmt, braucht es Geschichten, die Lust auf Veränderung machen.

Molly Fannon sieht das ähnlich. Molly ist Museumsmacherin und arbeitete viele Jahre für die Smithsonian Institution, eine der wichtigsten US-amerikanischen Forschungs- und Bildungseinrichtungen in Washington, die zahlreiche Museen betreibt. Doch als man sie fragte, ob sie für die Vereinten Nationen ein neues Museum aufbauen möchte, übernahm sie in Kopenhagen die Organisation *UN Live*. Ihr war klar: Damit ein Museum Einfluss nehmen kann auf die sozialen und ökologischen Probleme

Sprich vor allem
darüber, was
dich begeistert.

Dir Mut macht.
Wovon es
mehr geben sollte.

Zusammen kreieren
wir aus diesen
Geschichten die Neue
Welt.

unserer Zeit, braucht es völlig neue Konzepte. Kein Museumsgebäude, keine klassischen Führungen von Ausstellungsstück zu Ausstellungsstück, sondern Interaktion, Inspiration, Vernetzung und Befähigung. Das Ziel muss sein, so Molly, Milliarden Menschen auf der ganzen Welt zu unterstützen, aktiv zu werden und zum Aufbau einer nachhaltigeren, gerechteren und hoffnungsvolleren Welt beizutragen. Und so versteht sich *UN Live* nicht als klassisches Museum mit einem pompösen Gebäude, Ticketschalter und festen Öffnungszeiten. Sondern als Plattform und globales Netzwerk, die durch unterschiedlichste Aktionen Kultur nutzen, um Veränderung zu bewirken. Mal bringt Molly einen kolumbianischen Rockstar, einen mexikanischen Rapper, einen österreichischen Priester und einen kenianischen Chor zusammen, um gemeinsam und über Ländergrenzen hinweg populäre Songs für die Erde zu schreiben. Mal schickt sie das weltweit erste Boot aus recyceltem Kunststoff – das Flipflopi – über den Viktoriasee, um die Bewohner:innen entlang des 3000 Kilometer langen Ufers auf die Klima- und Müllproblematik aufmerksam zu machen. Mal entwickelt sie zusammen mit Regisseur:innen und Klimawissenschaftler:innen eine Bollywood-Serie, die Lust auf ein nachhaltiges Leben in Indien macht. Mal unterstützt sie den dänischen Künstler Ólafur Elíasson bei der App *Earth Speakr*, mit der Kinder ihre Sorgen, Träume, Forderungen und Ideen für die Zukunft Europas und des Planeten aufzeichnen können – mit dem Ziel eines lauten, interaktiven Kunstwerks mit Nachhalleffekt.

Wie bereits zu Beginn dieses Buches ausgeführt: In der Neuen Welt werden wir zwar weiterhin Missbrauch aufdecken und kritisch auf Versprechen und tatsächliches Handeln blicken müssen. Aber noch wichtiger wird es sein, ein neues Narrativ zu etablieren. Das Narrativ einer Neuen Welt, in der Menschen hoffnungsvoll in die Zukunft blicken können.

Als ich mit Slater telefoniere, erzählt sie mir von zwei Projekten, die ihr gerade am Herzen liegen: Das eine will Dörfer in Nepal besser mit Solarstrom versorgen; das andere repariert mit einem neuen Verfahren beschädigte Korallenriffe. Zudem ist ihr Film *Youth Unstoppable* gerade bei dem neuen Streamingdienst *WaterBear* online gegangen. Es ist die erste Plattform, die sich der Zukunft unseres Planeten verschrieben hat. Sie bietet kostenlosen Zugang zu preisgekrönten und inspirierenden Filmen über »Klimaschutz«, »Artenvielfalt« und »soziale Bewegungen«, um den Mitgliedern die Möglichkeit zu geben, zu lernen, tiefer einzutauchen und aktiv zu werden. Slater und ich laden Lisa Rose, eine der Leiter:innen der Plattform, ein, um mit uns über die Kraft von positiven Geschichten zu sprechen. Warum sind sie wichtig, was können sie bewirken? Lisa ist aufgrund ihrer Erfahrung der festen Überzeugung, dass Filme nicht nur komplexe Sachverhalte anschaulich vermitteln können. Sie haben auch das Potenzial, Menschen auf eine ganz besondere Art und Weise zu berühren, ihr Herz zu erreichen. Oder wie Slater auf die Frage, was sie mit ihrem Film erreichen wolle, antwortet: »Menschen dazu bringen, sich wieder in die Erde zu verlieben, zu erkennen, wie schön unsere Natur ist, wie schützenswert.«

Vielleicht denkst du jetzt, dass die Älteren immer ihre Schäfchen ins Trockene bringen wollen, bevor die Jüngeren zum Zug kommen. Oder dass die positiven Beispiele, Ideen und Menschen viel zu selten in den großen Blockbustermedien vorkommen, als dass sie ernsthaft wahrgenommen werden können. Genau deshalb sollte man als jüngerer Mensch seinen Groll zum Ausdruck bringen dürfen. Aber gleichzeitig geht es darum, die Leuchttürme und Vorbilder in Szene zu setzen, sie zu vernetzen und auf die große Bühne des Lebens zu bringen.

AUSBLICK

Dieses Buch ist in dieser Hinsicht zwar nur ein Tropfen auf den heißen Stein, aber einer, der laut zu zischen gedenkt.

Die Neue Welt wird immer sichtbarer. Millionen von Menschen arbeiten gleichzeitig an ihr, oft ohne voneinander zu wissen und doch gemeinsam hoffnungsvoll. Deshalb haben du, ich, wir alle jetzt zwei Aufgaben:

Den Menschen, die keine Zuversicht haben oder glauben, dass sie sowieso nichts ändern können, von der Neuen Welt zu erzählen. Geschichten darüber, was möglich ist und wie andere bereits den ersten Schritt gegangen sind.

Den Aufbau der Neuen Welt weiter mit vorantreiben. Auf unsere ganz eigene Art und Weise. In der Überzeugung, dass Natur und Mensch wunderbar koexistieren können; sich neue Wege des Arbeitens und Lebens finden lassen, die uns alle bereichern; es möglich ist, allen Menschen faire Chancen zuzugestehen.

Ohne dich wird es nicht gehen. Und ich bin gespannt, welches Thema du angehen wirst und wie. Wenn du magst, erzähle uns davon. Zusammen schreiben wir ein neues Drehbuch. Mit Millionen unterschiedlicher Szenen, die zu einem Film werden.

Schicke uns deine Geschichte zur Neuen Welt:
➡ www.neuewelt.do.

DANK

Hinter diesem Buch steht eine engagierte Gruppe von Menschen. Ein riesiges Dankeschön an die wunderbare Heike Littger, mit der ich jeden Tag über Monate an den Texten gefeilt habe. An Kristian und Peggy Schuller, die uns großartige Fotos geschenkt haben. Mein Dank gilt auch der *DO* Gang, ohne die es dieses Buch niemals gegeben hätte. Dan, Michael, Rafael, Peter und Petra, Tony und Seth, Douglas und Pia, Chris und Jens, Lindsay, Mei und das Team aus den USA. An Bianca, die das Buch von Anfang an mitbegleitet hat, und Lauren, die es mit hat schön werden lassen. An unser wunderbares *The DO*-Team mit starken Meinungen in Deutschland, Hongkong und den USA, die mit ihren eigenen Gedanken *The DO* jeden Tag zur Plattform für viele optimistische neue Taten werden lassen.

Hinter diesem Buch steht auch mein Privileg, mit meiner Frau und meinem besten Freund eine Organisation aufzubauen, an die ich glaube. Und über die letzten 20 Jahre so viele wunderbare und unterschiedliche Menschen kennen – und lieben gelernt zu haben, mit denen mich verbindet, dass wir gemeinsam etwas verändern wollen. Ihre Großzügigkeit, die eigenen Geschichten zu teilen, hat zu diesem Buch geführt. Dafür bin ich sehr dankbar! Nicht zuletzt, danke schön geliebte Familie, dass es euch gibt. Und Katherin, meine Heimat, ohne die alles andere nie genug wäre.

Dieses Buch wurde klimaneutral produziert.

Bibliografische Information der Deutschen Nationalbibliothek
Die Deutsche Nationalbibliothek verzeichnet diese Publikation in der Deutschen Nationalbibliografie; detaillierte bibliografische Daten sind im Internet über http://dnb.de abrufbar.

Druck und Bindung: CPI books GmbH, Leck
Printed in Germany

ISBN 978-3-86774-718-9

Besuchen Sie uns im Internet: www.murmann-verlag.de
Ihre Meinung zu diesem Buch interessiert uns!
Zuschriften bitte an info@murmann-publishers.de
Den Newsletter des Murmann Verlages können Sie anfordern unter newsletter@murmann-publishers.de